KB058477

그깟 떡볶이

그깟 떡볶이

성공하는 사람은 좋아하는 것에서
가치를 찾아낸다

김관훈 지음

21세기북스

나는 지금 '그깟 떡볶이' 하나로
새로운 인생을 산다

TV 프로그램 〈유 퀴즈 온 더 블럭〉에 '떡볶이 킹'으로 나간 적이 있다. '금손' 특집이었는데, 맨 손으로 연 매출 2,000억을 달성한 떡볶이 프랜차이즈를 일군 대표로 불러준 것이었다. 어린 시절부터 지금까지의 내 삶을 이야기하다 보니, 자연스럽게 떡볶이 이야기가 주요 스토리가 되었다. 그만큼 내 인생은 떡볶이에 진심이었기 때문이다.

지금 나는 전 세계 10개국에 진출한 글로벌 즉석떡볶이 프랜차이즈의 대표다. 이토록 사랑하는 떡볶이를 직업으로 삼아 먹고 살 수 있는 것은 큰 행운이라고 생각한다. 좋아하는 것을 평생 업으로 할 수 있는 사람이 세상에 얼마나 있겠는가. 나 역시 첫 사회생활을 시작할 때는 떡볶이와 전혀 관련 없는 일반 회사에서 일했다. 회사에서 성과를 내고 보람을 느끼는 사람도 많겠지만, 나의 적성에는 전혀 맞지 않았다. 흥미 없는 일을 하다 보니 '열정 없는 김 대리'라는 부끄러운 별명이 붙을 정도였다.

이대로 평생을 살 수는 없다고 생각하고 꿈을 찾기로 결심했을 때, 가장 먼저 고민한 것은 '무엇을 해야 내가 행복하고 열정을 느낄 수 있을 것인가'였다. 그리고 첫 번째로 떠오른 것이 떡볶이였다.

대한민국 국민 중에 떡볶이를 모르는 사람은 아마 없을 것이다. 그뿐만 아니라 떡볶이를 좋아하는 경우는 엄청나게 많아도 굳이 싫다는 사람은 본 적이 없다. 그만큼 떡볶이는 항상 우리 주변 가까이에 있고, 언제든 손쉽게 먹을 수 있는 음식이자 전 국민의 인기 간식이다.

어린 시절 학교를 마치고 집으로 돌아가는 길에 골목길 분식집에서 친구들과 함께 떡볶이를 사 먹던 기억은 대한민국에서 유년 시절을 보낸 분들이라면 누구나 가지고 있을 것이다. 떡볶이 1인분을 주문해 친구 두세 명과 함께 나눠먹으며 웃고 떠들던 기억. 이성 친구와 즉석떡볶이집에서 보글보글 익어가는 떡을 건져 먹고 계란을 반으로 쪼개 떡볶이 국물에 비벼 먹으며 이야기를 나누던 설레는 추억들. 나는 바로 이 행복한 추억에 정답이 있다고 생각했다.

무엇에 인생을 걸 것인가

여러분은 이렇게 우리 삶의 한 부분에 항상 자리하고 있는 이 떡볶이를 소중하게 생각해본 적이 있는가? 나 역시 떡볶이를 무척이나 좋아하긴 했지만 떡볶이가 대단하다거나 떡볶이에 내 인생을 모두 걸고 살아갈 거라고는 상상조차 해본 적이 없다.

간혹 주변에서 직장생활을 그만두거나 자기가 하는 일이 어려워 포기하고 싶을 때면 으레 이런 말들을 한다. "하다가 안 되면 떡볶이집이나 하지 뭐!" 심지어 길거리에서나 파는 불량식품으로 취급되던 시절도 있었다.

남들이 이렇게 하찮게 여기던 떡볶이에 내 인생을 걸어보겠다고 결심한 이유는 하나다. 내 삶에 떡볶이가 있을 때

행복했기 때문이다. 평생을 걸고 이루어 갈 꿈인데, 가장 좋아하는 것을 선택해야 한다고 생각했다. 아무리 좋아하는 것이라도 업이 되면 지겨울 수밖에 없다는 말이 있지 않은가. 그렇다면 평생 해도 지겹지 않을 일을 찾아야 하지 않겠는가?

실제로 떡볶이에 미쳐 깊숙이 탐구하면서 느낀 점은, 떡볶이가 그렇게 하찮은 존재가 아니라는 것이다. 아무나 막 만들어낼 수 있는 음식도 아니고, 누구나 쉽게 가게를 차려 크게 성공할 수 있는 업종은 더더욱 아니다. 수십, 수백 가지 종류의 떡볶이가 존재하고 맛도 다양했다. 먹는 방식, 사용하는 재료 등으로 끝없는 변화를 꾀할 수 있는 것이 떡볶이였다.

공부를 하면 할수록 떡볶이를 업으로 삼는다는 게 쉬운 일이 아니라는 예감이 들었다. 남들이 우습게 보는 만큼 수십 배는 더 치열하게 연구해야 했다. 그럼에도 전혀 지치거나 힘들지 않았다. 스스로 재미있다 보니 더 일을 벌이게 되고 새로운 아이디어가 샘솟았다. 과거의 '열정 없는 김 대리'는 이제 없다.

지금 나는 지금 많은 사람들이 우습게 여기는 '그깟 떡볶이' 하나로 새로운 인생을 살고 있다. 이 책은 내가 얼마나 떡볶이를 사랑하고, 얼마나 간절하게 떡볶이 명인을 꿈꾸고 있는지, 그리고 그 꿈을 이루기 위해 어떤 노력을 하고 있는지를 보여주는 한 편의 성장기이자 꿈을 향해 나아가는 '행동'에 대한 기록이다.

좋아한다고 해서 무조건 성공하는 것은 아니다. 다만 좋아하는 것이기에 포기하지 않고 나아갈 수 있다. 그 과정에는 치열한 공부와 노력, 그리고 생각지 못한 행운까지 있었다. 이 책에는 내가 어떻게 좋아하는 것을 찾고 그것을 업으로 삼을 수 있었는지와, 그 과정에서 겪은 어려움과 극복 과정을 모두 담았다. 내 이야기가 여러분들이 꿈을 찾아가는 데 조금이나마 도움이 될 수 있다면 좋겠다.

Contents

Part 3
그냥 좋아하던 것이 업이 되기까지

Part 1

인생에는 어디에든 떡볶이가 있다

7년간의 직장생활을 했음에도 불구하고

나에게는 직업이 없었다.

직장과 직업에는 분명 큰 차이가 존재한다.

스스로 존재 이유를 찾고 싶다면,

그리고 자신의 목표와 꿈을 실현하고 싶다면

직장이 아닌 직업을 가져야 한다고 생각한다.

어떻게
너를 안 사랑해

인생을 되돌아보면 유독 인상적인 기억이 있다. 내게는 떡
볶이와 관련된 기억이 그렇다. 어릴 적 우리 집은 강원도 원
주에서 트랙터나 콤바인 같은 농기계를 판매하는 대리점을
운영했다. 농업이 주를 이루던 1970년대에 농기계를 취급
하는 것은 오늘날 아이폰을 개발한 애플의 혁명만큼이나 모
든 농부들의 로망과도 같은 것이었다. 그렇다 보니 농기계
를 판매하는 대리점은 신제품을 출시하는 애플스토어처럼
아주 힙한 곳이었다.

그때만 해도 소도시 지역에 편의점이나 패스트푸드점은 거의 찾아보기 힘들었다. 나와 같은 해에 탄생한 '롯데리아'라는 햄버거 가게가 딱 하나 있었는데, 우리에게 그곳은 그저 신기하고 어색한 장소일 뿐이었고, 구멍가게가 편의점 역할을 하던 시대였다.

우리 집이 운영하던 농기계 대리점 옆 골목에는 한 할머니가 꾸려 가시는 포장마차가 있었다. 내 기억으로는 떡볶이와 어묵 그리고 홍합탕을 팔았던 것 같다. 저녁이 되면 부모님과 대리점 직원들이 일을 마치고 그 포장마차에 모여 홍합탕에 소주를 마시곤 했는데, 나는 항상 옆에 앉아 김이 모락모락 나는 홍합을 까먹거나 빨간 국물이 먹음직스런 떡볶이를 먹곤 했다.

포장마차에서 떡볶이와 어묵, 홍합탕을 만들려면 많은 양의 물이 필요했는데, 포장마차에 수도 시설이 없다 보니 할머니는 항상 우리 집에 와서 네다섯 개 정도의 물통에 물을 받아가셨다.

주변에 다른 가게들도 있었는데 왜 꼭 우리 집에 와서

물을 받아가셨는지는 사실 잘 모른다. 그때 나는 아직 어리기도 했고, 어른들 사이의 일에 별 관심도 없던 터였다. 지금 생각해보면 우리가 포장마차의 단골이기도 했고, 또 그나마 조금 여유 있게 사는 집이라고 여기서서 눈치가 덜 보여 그랬을 수도 있지 않았을까 싶다.

포장마차 할머니와 골목대장

하루에도 몇 번씩 우리 집에 물을 받으러 오시다 보니 할머니는 나와 마주칠 때가 많았는데, 내가 7년 만에 얻은 귀하디귀한 외동아들이라는 것도 잘 알고 계셨다. 그래서인지 내가 떡볶이를 먹으러 포장마차에 가면 마치 외할머니인 양 매번 반갑게 맞아주셨다.

포장마차에 온 다른 손님들에게 농기계 집 외동아들이라며 소개도 하시고, 손님들과 싹싹하게 인사도 나누고 말도 잘하는 내 모습에 '변호사'라는 별명도 붙여주셨다. "변호사 왔누~ 어제 남긴 떡볶이 줄까?" 하시며 정말로 전날

먹다 남긴 양만큼의 떡볶이를 공짜로 주시기도 했다. 나에게 할머니의 포장마차는 천국과도 같은 곳이었다.

초등학교 시절에도 나의 인기는 남달랐는데, 그게 다 떡볶이 덕분이었다. 나와 함께 포장마차에 가면 떡볶이를 양껏 먹을 수 있었기 때문에 친구들은 신이 났다. 물론 계산은 나중에 어머니가 하셨지만 그 순간만큼 나는 친구들 앞에서 떡볶이 대장으로 우쭐할 수 있었다. 한마디로 나에게 떡볶이는 나와 친구들을 연결시켜주는 매개체이자 나를 인기 스타로 만들어주고 골목대장이라는 타이틀까지 안겨준 최고의 무기였다.

대학을 가기 위해 원주를 떠나던 열아홉 살 때까지 나는 하루도 거르지 않고 거의 떡볶이를 먹었다. 나중에 포장마차가 원주에 있는 시장 상가로 자리를 이전한 뒤에도 할머니 떡볶이에 대한 나의 애정은 멈추지 않았다.

센스는 있지만
열정은 없는 김 대리

나의 첫 직장생활은 생각처럼 쉽지 않았다. 집안의 경제 상황이 갑자기 어려워지는 바람에 나는 대학교를 졸업하기도 전에 바로 취업을 해야만 했다.

고등학교 1학년 때, 오랫동안 지병을 앓으시던 아버지께서 끝내 우리 곁을 떠나고 말았다. 이제 남은 가족은 어머니와 나 둘뿐이었다. 하지만 어머니는 강인하셨다. 어머니는 아버지로부터 물려받은 농기계 대리점을 억척스럽게 일궈내셨다. 전국에서 손가락 안에 꼽힐 정도로 사업을 무척이나 잘해내셨다. 하지만 열정적으로 일한 만큼 고생도 심했고 스트레스도 많았다.

결국 내가 대학교 4학년이던 무렵 어머니는 유방암이라는 진단을 받고 말았다. 어머니는 그 힘들다는 항암 치료를 하면서도 단 한 번도 힘든 내색 없이 꿋꿋하게 병마와 싸워 내셨다. 작은 체구로 궂은일을 마다하지 않으시고 늘 솔선수범하는 삶을 살았던 어머니. 지금의 내가 남들 앞에서 기죽지 않고 당당하게 살아갈 수 있는 것은 모두 어머니의 삶을 통해 성실함과 부지런함을 배우고 터득한 덕분이다.

어머니의 항암 치료가 5년 동안 계속되자 농기계 사업은 점점 기울어 끝내 망하고 말았다. 그럼에도 여전히 나는 철없는 자식이었다. 집안이 그 지경이 되었는데도 미래에 대한 고민은 안중에도 없이 대학교 친구들과 동아리 활동이나 하고 PC방에서 게임이나 하며 시간을 허비했다. 결국 집안 사정이 너무 안 좋아 모든 것을 잃을 때쯤에서야 나는 돈을 벌기 위해 취업을 할 수밖에 없었다.

그런데 막상 취업을 하려고 하니 마땅히 들어갈 곳이 없었다. 무엇 하나 준비되어 있지 않던 나에게는 스펙도, 능력도, 학벌도, 돈도 아무것도 없었다. 너무나도 절망적이었다. 그런 내 소식을 접한 아버지의 친한 동창 분이 내게 연락을 해오셨다. 서울에 있는 석유화학용제 대리점의 대표이셨는데 내 일자리를 마련해주시겠다는 것이었다. 당장 돈을 벌어야 하는 상황에서 할 수 있는 게 아무것도 없던 나는 지체 없이 서울로 올라와 직장생활을 시작했다.

열정과 의지가 삭제되었습니다

입사한 회사에서 내가 해야 할 일은 거의 없었다. 할 수 있는 일이 없었다는 게 더 정확한 표현일 것이다. 그렇게도 싫어하는 수많은 화학 용어들과 복잡 미묘하게 구성되어 있는 유가와 환율의 관계 등등, 몇 달 동안 용어를 외우는 일만으로도 벅찼다. 돈을 벌어야 했지만 문득문득 내가 여기서 왜 이 일을 하고 있어야만 하는지 불만과 짜증이 늘어갔다.

늘 부족함 없이 살아오다가 아무도 없는 서울에서 처음 보는 낯선 사람들과 전혀 알지도 못하고 알고 싶지도 않은 용어들로 가득한 사무실에서 직장생활을 하는 일은 솔직히 군대생활보다 힘들게 느껴졌다.

게다가 이모 집에 얹혀살며 출퇴근을 했는데, 거리가 워낙 멀다 보니 새벽 5시에 일어나 출근 준비를 해야 했다. 늦어도 6시에는 지하철을 타야만 제시간에 회사에 도착할 수 있었다. 하나에서 열까지 내가 처한 모든 상황이 불만스럽기만 했고, 나의 행동과 말투에서는 그런 심정이 고스란히 드러났다. 그래도 시간은 흘러갔고 어느덧 그런 생활에도 서서히 적응이 되어갔다.

나의 업무는 지극히 사소한 것들이었다. 거래처에 방문해 결제를 받아오는 일과 회사에서 필요한 서류 양식을 만드는 일이었다. 정말 전공과 능력이라고는 하나도 필요 없는 아주 단순한 업무였지만 그것 말고는 내가 딱히 할 수 있는 일은 없었다. 솔직히 말하자면 하고자 하는 의지도 거의 없었다. 성과를 올려야 하는 영업 파트는 그 분야 자체에 아예 관심도 의지도 없었기 때문에 누구보다 뒤처질 수밖에 없었다.

항상 멍한 눈동자를 하고 있는 나를 보면서 선배들이 입을 모아 걱정을 했지만 아무리 뜻있는 걱정과 조언도 받아들이는 사람이 귀와 마음을 열지 않으면 그저 허무한 메아리일 뿐이었다. 그곳에서 7년이라는 시간을 버티는 동안 나의 업무는 아무것도 달라진 게 없었다. 고작 전국을 돌며 미수금을 받아오는 것이 주된 업무였다. 대표님 친구의 아들이라는 이유로 입사해 회사에 이렇다 할 도움이 되기는커녕 민폐나 끼치지 않으면 다행인 처지였다. 선배들은 그런 내게 항상 이런 말을 하곤 했다.

"김 대리, 너는 참 센스는 있어! 거래처 손님하고 미팅하거나 회사 일을 처리할 때 뭔가 톡톡 튀는 아이디어와 센스는 있는데, 왜 그렇게 일에 대한 열정은 없는 거야?"

시간이 흘러도 그 어떤 변화나 발전도 없는 나를 두고 회사 사람들은 '열정 없는 김 대리'라고 불렀다. 정말 나는 열정이라고는 눈곱만큼도 없이 그저 하루를 버텨내면 그만이라는 생각으로 매일매일을 흘려보냈다. 선배들의 진심 어린 조언을 잔소리로 치부하고, 오히려 '회사에서 나를 인정해주지 않으니 이렇게밖에 못하는 거지!'라며 늘 자기 합리화나 하면서 스스로 부정적인 사람으로 변해가고 있었다.

그렇다고 다른 직업을 찾을 용기도 없었다. 부모님이 만들어준 넉넉한 환경에서 아무 걱정도, 고생도 없이 편안한 삶을 누리기만 했던 나는 스스로 무언가를 하겠다는 의지와 준비가 전혀 되어 있지 않았던 것이다. 내가 생각해도 창피하고 부끄럽고 죄송스럽기만 한 시절이었다.

행복한 기억 속에
정답이 있다

여전히 회사에서 하루하루를 버티며 지내던 어느 날, 고향 친구들로부터 고등학교 동창회를 한다는 연락을 받았다. 고등학교 2학년과 3학년 내내 같은 반, 같은 담임 선생님과 함께 공부한 친구들이었다. 문과 계열 특수반이라고 해서 공부를 잘하는 아이들로 구성된 반이었다.

특수반에서 함께 2년이라는 시간을 보내다 보니 우리들의 우정은 남달랐다. 고등학교를 졸업한 뒤에도 종종 담임 선생님을 모시고 함께 식사를 하곤 했는데, 내가 서울에 올라와 직장생활을 시작한 뒤로는 자주 만나지 못했었다. 서울의 낯선 환경에서 생활하는 내내 나는 늘 외로웠고 고향 친구들이 그리웠다. 그러던 차에 선생님을 모시고 동창회를 한다고 하니, 나는 기쁘고 들뜬 마음에 서둘러 원주로 향하는 버스에 올랐다.

14년 만에 선생님과 함께한 우리는 모교에 '3학년 3반 박동만 선생님과 제자들'이라는 명찰이 달린 나무도 심고, 경치 좋은 계곡에서 닭백숙에 술도 한잔 곁들이며 더할 나위 없이 즐거운 시간을 보냈다. 2차로 '치맥'을 먹으면서 우리는 그동안 살아온 각자의 이야기들을 털어놓았다. 대부분의 친구들이 경찰이나 교사 등 공무원이 되어 열심히 일하며 살아가고 있었다.

그런데 친구들과의 이야기가 깊어질수록 나는 점점 나자신이 초라하게 느껴졌고 말수도 줄어들었다. 스스로 위축되고 있었다. 친구들은 그동안 정말 열심히 공부하고 노력해서 각자 이루고자 하는 꿈을 이룬 것처럼 보였다. 그런 친구들을 보면서 '나는 그동안 무엇을 했을까?' 하는 생각을 떨칠 수가 없었다. 같은 시대에 같은 시간을 보냈는데 나는 과연 무엇을 이루었는지 깊은 자괴감이 들었다.

동창회가 끝나고 다시 서울로 돌아오는 버스에 올라 참 많이 울었다. 할 줄 아는 거라곤 공부밖에 없는 친구들을 놀려대며 철없이 게임이나 하면서 20대를 흘려보낸 나의 그 시간들이 안타까웠고, 그렇게밖에 살지 못한 나 자신에게 화가 났다. 울음이 멈추지 않았다.

그런데 신기하게도 그렇게 울다가 울다가 어느 순간 헛웃음이 나왔다. 지금도 그 순간이 또렷하게 기억나는데, 헛웃음이 나오는 순간 머릿속이 하얘지더니 가장 행복했던 순간들이 떠올랐다. 어린 시절 농기계 대리점 옆에 있던 포장마차 떡볶이. 나를 골목대장으로 만들어주고, 나를 인기 스타로 만들어주던 떡볶이. 나와 친구들을 연결시켜준 소중한 기억.

늘 '열정 없는 김 대리'로 지내던 나에게, 앞으로 무엇을 하며 살아야 할지 아무런 비전도 계획도 없던 나에게 떡볶이에 대한 기억은 행복 그 자체이자 불만스럽기만 한 현실에서 벗어날 수 있게 해주는 도피처였다.

그날 이후 나는 행복했던 기억을 되살려 떡볶이 장사를 해보는 건 어떨까 고민하기 시작했다. 그렇다고 무조건 바로 떡볶이 장사를 할 수 있는 것은 아니었다. 떡볶이를 맛있게 먹을 줄만 알았지 만들어본 경험도 없는 데다 떡볶이 가게를 차릴 만한 자본도 없었다. 한마디로 떡볶이 가게를 창업할 만한 능력이 내게는 단 1퍼센트도 없었다. 그리고 무엇보다 결정적인 것은 떡볶이 장사를 하기 위해 당장 회사를 그만둘 용기가 없었다.

'직장'이 아닌 '직업'을 향한 첫 걸음

누구나 한 번쯤은 나만의 번뜩이는 아이디어와 구체적인 계획을 가지고 크게 성공해 부자가 되는 꿈을 꾸어봤을 것이다. 하지만 그 꿈을 실현하는 사람이 몇이나 될까? 아무리 좋은 아이디어와 멋진 계획도 용기 내어 실행에 옮기지 않으면 아무 소용이 없다.

나 역시 아이디어는 있었지만 당장 떡볶이 장사를 시작할 용기는 없었다. 아무 준비도 안 되어 있다 보니 겁이 났다. 그런 상태에서 무작정 퇴사를 결심한다는 것은 현실적으로 두렵고 불안한 일이었다.

직장생활을 하고 있을 때 친한 고향 친구들과 함께 부산으로 2박 3일 여름휴가를 간 적이 있다. 그곳에서 처음으로 친구들의 동아리 후배였던 지금의 아내를 만났다. 다른 친구들은 모두 원주에 있었고 아내와 나만 서울에서 회사를 다니고 있던 터라 여름휴가 이후로도 우리는 둘이 자주 만나곤 했다.

그렇게 친해져 3년 6개월이라는 연애 끝에 우리는 결혼했다. 그리고 곧 딸아이도 태어났다. 한 가정의 가장이 되고 나니 퇴사를 결정하기가 더욱 어려웠다. 아내가 출판사에 근무하며 맞벌이를 했지만 신혼집을 마련하면서 빌린 대출금과 아이의 분유 값이니 기저귀 값 등등 생활비를 대기도 빠듯한 형편이었다. 무턱대고 퇴사할 상황이 아니었다.

인생에는 어디에든 떡볶이가 있다

그래서 일단 떡볶이 장사를 하려면 떡볶이에 대한 공부부터 해야겠다고 생각했다. 당장 장사를 시작할 형편이 안 되니 공부를 하는 쪽으로 슬쩍 우회하기로 마음먹은 것이다. 이것이 바로 나의 미래를 위한 첫 번째 행동이었다.

낮에는 회사에 출근해 일하고, 퇴근 후에는 집에서 떡볶이 레시피와 떡볶이 맛집 정보를 수집하기 시작했다. 그러면서 점차 단순 정보 수집을 넘어 전문가나 동호회를 찾아가 떡볶이 장사 비법을 배울 계획을 세웠다.

가장 먼저 떡볶이 동호회를 찾아보았다. 그런데 아무리 인터넷을 검색해봐도 활성화된 떡볶이 동호회를 찾을 수 없었다. 떡볶이 브랜드의 서포터즈나 홍보 카페는 수없이 많았지만 정작 내가 필요로 하는 떡볶이 레시피와 떡볶이의 본질에 대해 배우고 정보를 구할 수 있는 동호회 카페는 없었다. 하지만 나는 떡볶이에 대한 정보가 간절하게 필요했고 어떻게든 떡볶이에 대해 배워야만 했다. 답답하고 간절한 마음에 결국 나는 내가 직접 떡볶이 동호회를 만들기로 결심했다.

<net이버 대표 카페>

떡볶이의 모든것

전국 지존을 찾아라!

전체글보기   떡볶이 이야기   정모 모임공지   번개 모임공지   이벤트 공지   ★실시간 채팅방★   2012 떡볶이페스티벌

★ 카페정보 나의활동   이동   수정   삭제   ∧ 이전글   목록

매니저 가도후니
since 2011.07.01
카페소개   공지▲알려드립니다 ›
♤ 카페관리 ↳ 통계   **떡볶이의 모든것 카페가 오픈하였습니다.**
                             가도후니 카페매니저 ⊞   ○ 댓글 7 URL 복사
가지4단계   2011.07.01 14:10 조회 111
A3 897   조대하기

<순수한 떡볶이 정보를 구하기 위해 직접 개설한 '떡볶이의 모든 것' 카페>

　　회사에 다니면서 관련 정보를 주고받고 정모도 진행하던 온라인 카페의 지역 총무로 활동했던 나는 그때의 경험을 바탕으로 한 포털 사이트에 카페를 개설하기로 했다. 2011년 7월 1일, 나는 드디어 '떡볶이의 모든 것'이라는 이름의 카페를 개설했다. 내 인생의 터닝 포인트가 될 첫발을 내디딘 것이다.

　　7년간의 직장생활을 했음에도 불구하고 나에게는 직업이 없었다. 직장과 직업에는 분명 큰 차이가 존재한다. 스스

로 존재 이유를 찾고 싶다면, 그리고 자신의 목표와 꿈을 실현하고 싶다면 직장이 아닌 직업을 가져야 한다고 생각한다. '떡볶이의 모든 것'이라는 카페를 개설하면서 나는 처음으로 '떡볶이 장사'라는 '직업'을 갖기로 마음먹었다.

사랑하면
없던 용기도 생긴다

내가 직접 떡볶이 동호회를 만든 이유는 아주 단순하고 명확했다. 떡볶이에 진심인 많은 사람들이 회원으로 가입해 활동하기를 바라는 마음에서였다. 그러면 회원들로부터 많은 것들을 배우고 정보를 수집해 떡볶이 장사를 시작할 수 있을 터였다. 그러기 위해서 카페 레이아웃도 떡볶이 커뮤니티의 정체성을 살려 디자인해야겠다고 생각했다. 기본 제공되는 레이아웃으로는 떡볶이에 대한 전문성이 느껴지지 않았다.

'떡볶이의 모든 것'이라는 이름의 카페를 개설하고 카페를 꾸미기 위해 고향 친구에게 연락을 했다. 20대 시절 나와 함께 PC방에서 게임을 하던 친구였는데, 어느덧 성장해 디자인 회사를 운영하고 있었다.

<떡볶이 커뮤니티의 정체성을 돋보이게 하기 위한 카페 엠블럼>

친구는 카페의 전반적인 디자인과 레이아웃을 잡아주었고, '떡볶이의 모든 것'이라는 이름의 엠블럼도 만들어주었다.

카페를 멋지게 꾸민 뒤 나는 하루도 빠짐없이 떡볶이에 대한 게시물을 올렸다. 물론 당시에는 떡볶이에 대한 지식이 없다 보니 '떡볶이'라고 검색하면 올라오는 모든 글들을 스크랩했고, 블로그와 뉴스 등 떡볶이에 관한 글이라면 하나도 빠뜨리지 않고 모두 정독했다.

그렇게 3개월 동안 하루도 빠짐없이 카페에 떡볶이에 대한 게시물을 올리다 보니 어느 정도 모양새가 갖춰지긴 했다. 하지만 여전히 가입하는 회원 수는 늘지 않았다.

가만히 생각해보니 누구나 쉽게 검색할 수 있는 내용을

군이 카페에 가입해 '가입 인사'를 하고 승인을 받으면서까지 읽어봐야 할 이유가 없었다. 부질없는 짓이 아닐까 하는 생각도 들었지만 그래도 나는 포기하지 않고 떡볶이에 대한 모든 것을 읽고 공부하며 꾸준히 정보를 쌓아갔다.

돌이켜보면 나는 떡볶이와의 운명적인 만남의 기회를 이미 얻은 셈이었다. 회사에서 거래처 수금을 하기 위해 전국의 거래처들을 돌아다녔는데, 인천, 안양, 오산, 안양, 평택, 파주, 음성, 청주, 전주 등 공업단지가 있는 곳에는 거의 거래처가 있었다. 그래서 공업단지가 있는 지역의 거래처에 출장을 갔다 오는 날에는 어김없이 그 지역에서 가장 맛있다는 떡볶이집을 찾아가 먹어보곤 했다. 워낙 떡볶이를 사랑하기도 했지만 가격도 저렴하고 포만감이 뛰어나서 한마디로 떡볶이는 가성비 끝판왕의 음식이었다.

회사 선배들에게 어느 거래처 근처 떡볶이가 진짜 맛있다고 알려주면 선배들은 한결같이 "너는 일할 때는 의욕이 없어 보이는데 떡볶이 얘기만 하면 눈이 초롱초롱해지냐?"라고 말할 정도였다. 그렇게 거래처 근처에서 먹은 떡볶이에 대한 정보들을 꾸준히 카페에 올렸다.

그러던 어느 날 떡볶이 전문브랜드인 '올떡'에서 떡볶이 경연대회를 한다는 기사를 접하게 되었다. '떡볶이의 모든 것' 카페가 만들어지고 4개월 만에 떡볶이 경연대회의 소식을 접하게 된 것이다. 부상으로 주어지는 상금도 욕심이 났다. 나는 그동안 준비하고 연습한 떡볶이 레시피로 경연대회에 참가하기로 결심했다.

떡볶이 명인이 될 겁니다

떡볶이 장사를 하기 위해 준비한 레시피는 '허니 반전 떡볶이'였다. 꿀떡과 매운 소스로 맛을 낸 떡볶이로, 첫맛은 아주 매콤하지만 떡을 씹으면 안에서 달달한 꿀이 나와 매운 맛을 중화시켜주는 매력의 레시피였다. 이 레시피를 만들어 내기까지 나는 수십 번도 넘게 떡볶이를 만들었다. 그러니 당연히 1등과 상금은 내 차지라고 자신했다.

그런데 떡볶이 경연대회를 일주일 남기고 문득 그런 생각이 들었다. 내가 대회에 나가 1등을 하면 상금을 받게 되어 정말 좋겠지만, 내가 만든 '허니 반전 떡볶이' 레시피는 경연대회를 주최한 떡볶이 브랜드에 넘겨주어야 할 것 같았다. 지난 4개월 동안 수없이 시행착오를 반복하며 만들어낸 레시피를 거대 자본을 가지고 있는 대기업에서 사용하게 되면 나의 떡볶이 장사의 꿈은 물거품이 되고 말 것 같았다.

결국 나는 고민 끝에 경연대회 출전을 포기했다. 나는 주최 측 담당자에게 전화를 걸어 불참 의사를 밝혔다. 그 대신 떡볶이 동호회를 운영하는 회장으로서 경연대회를 취재해 동호회 회원들에게 그 소식을 전해주고 싶은데 그래도 괜찮겠느냐고 양해를 구했다. 담당자는 흔쾌히 허락해주었다.

경연대회장에 방문해 주최하는 올떡 브랜드의 대표님, 팀장님과 인사를 나누었다. 그리고 주최 측의 모기업 회장님도 만나 뵈었다. 그런 경험이 처음이다 보니 조금 긴장되고 떨리기도 했지만 나는 떡볶이 동호회 회장으로서 당당하려고 애썼다. 대표님은 내게 떡볶이 동호회 회장이니 조언은 물론이고 심사도 함께 해주면 어떻겠느냐고 제안했다. 그렇게 해서 나는 떡볶이 경연대회에 참가자가 아닌 심사자로 참여하는 영광스런 기회를 갖게 되었다.

한참 지난 뒤에야 알게 된 사실이었는데 브랜드 마케팅을 위해 큰 홍보비를 투자하면서까지 떡볶이 경연대회를 열었는데, 아쉽게도 다른 사회적 이슈가 급부상하는 바람에 기자들이 많이 참석하지 못하는 상황이 발생했다고 한다. 그러던 차에 떡볶이 동호회 회장이라는 사람이 큰 카메라까지 들고 와 취재를 하겠다고 하니 주최 측으로서는 반가운 일이었을 것이다.

하지만 그들은 내가 운영하는 떡볶이 카페의 회원이 열 명도 안 된다는 사실을 꿈에도 몰랐다. 나의 당당하고 열정적인 모습을 보고 의심 없이 믿어주었던 것 같다.

전날까지만 해도 나는 회사에서 '열정 없는 김 대리'로 불리면서 걱정이나 시키고 꾸중이나 듣던 사람이었다. 그러던 내가 떡볶이 전문가 취급을 받으며 심사까지 하게 되는 이상한 상황이 연출된 것이다.

그 순간 열정 없는 직장생활에서는 한 번도 느껴보지 못했던 자존감이 내 안에 차올랐다. 그러면서 '떡볶이 동호회 회장이 나의 운명이고 나의 길이었구나' 하는 생각이 머릿속을 가득 채웠다.

그날, 떡볶이 경연대회가 끝나고 집으로 돌아가는 길이 아직도 기억에 선하다. 곤지암 부근을 지날 즈음 경연대회를 주최하는 기업에서 만든 '치킨대학'이 눈에 들어왔다. 나는 불현듯 아내에게 전화를 걸었다. 그러고는 밑도 끝도 없이 "나 아무래도 떡볶이 회장이 나의 길인 거 같아!"라고 자신 있게 말했다.

근거 없는 자신감으로 들떠 있는 나의 이야기를 아내는 끝까지 다 들어주었다. 그때 아내가 비웃거나 정신 차리라고 면박을 주었다면 아마 지금의 나는 없었을 것이다.

"만약 내가 회사를 그만두고 진짜 떡볶이 회장을 한다면 어떻게 할래?"라고 묻자 아내는 "내가 회사 다니고 있는 동안에는 해보고 싶은 거 다 해봐!"라고 대답했다. 아내는 자신감에 차 있는 나의 목소리에 확신이 들어 그렇게 대답했다고 한다. 아내의 지지는 나에게 세상 그 어떤 것과도 바꿀 수 없는 태산처럼 큰 힘이 되어주었다.

그날 나는 카페에 있는 나의 소개란의 문구를 다음과 같이 '나는 떡볶이 명장이 될 겁니다'라고 수정했다. 그리고 진짜 회사를 그만두었다.

Q. 내가 생각하는 떡볶이는?
A. 떡볶이는 나에게 생명이자 모든 것입니다. 떡볶이 하면 '가드후니'가 되는 그날까지, 꿈과 열정을 향해….

Q. 소원을 들어주는 요술 램프가 생긴다면?
A. 떡볶이 타워를 만들고 싶습니다. 그리고 세계적인 떡볶이 1호 명장이 되고 싶습니다.

눈빛이
달라졌어요

회사에 퇴사 의사를 밝히자 사수였던 황 과장님이 술집으로 나를 불렀다. 책임져야 할 가정도 있고 아이도 아직 어린데 무슨 생각으로 회사를 그만두느냐고 물으셨다. 구체적인 계획은 없지만 떡볶이 동호회를 잘 이끌어 떡볶이 명인이 되고 싶다고 하자 과장님은 미친놈이라며 내게 진심으로 욕을 한 바가지 퍼부으셨다.

    과장님은 본인이 영업을 해줄 테니 차라리 1.5톤 트럭을 한 대 사서 회사에서 취급하는 벤젠, 톨루엔, 자일렌 등 화학용제를 드럼으로 받아다가 작업장에 판매하는 일을 해보라고 하셨다. 그러면 월 300만 원 정도는 벌 수 있을 테니 가족들 생계는 어느 정도 책임질 수 있을 거라며 진심 어린 조언을 해주셨다. 그 당시 월급이 200만 원 정도였으니 솔깃한 제안이기도 했다.

하지만 나는 걱정해주시는 건 고맙지만 떡볶이에 인생을 걸어보겠다고 말했다. 떡볶이에 거의 미쳐 있다시피 한 나의 눈빛을 보고는 과장님도 더 이상 만류하지 않았다. 말린다고 될 문제가 아니라는 것을 직감하신 것이다. 과장님은 오히려 나를 응원해주는 쪽으로 마음을 바꾸셨다. 2012년 3월, 나는 7년 동안 다니던 회사를 정말로 그만두었다.

전국의 떡볶이 맛집을 향해 출발!

퇴사를 한 뒤 내가 가장 먼저 시작한 일은 떡볶이를 맛있게 만드는 법을 배우기 위해 요리 학원에 등록하는 것이었다. 분식 창업 과정을 배울 수 있는 학원이었는데, 오전반과 오후반으로 나누어 각각 두 곳의 학원을 다녔다. 떡볶이 동호회 회장이라면 대한민국 최고의 떡볶이 셰프는 아니더라도 최소한 떡볶이와 분식에 대한 기초는 알고 있어야 할 것 같았다.

분식에 관한 기술을 배우는 과정은 생각보다 훨씬 흥미로웠다. 처음 배우는 분야였지만 그동안 나름 열심히 공부해온 덕에 교수님으로부터 우수한 학생이라는 칭찬도 아낌없이 받았다.

어릴 적부터 부모님이 사업을 하셨기에 혼자 있는 시간이 많았던 나는 여러 가지 요리들을 스스로 터득했다. 심지어 초등학교 5학년 때에는 떡볶이집에서 같이 팔던 닭발이 너무 맛있어서 재래시장에서 직접 닭발을 사다가 만들어 먹은 적도 있다. 분식집에서 사먹으면 닭발 한 개에 100원이었는데, 재래시장에서는 발톱이 손질된 닭발은 100개에 2,500원, 손질이 안 된 닭발은 2,000원이었다. 손질된 닭발을 100개 사와 푹 삶아 한 번 건져내고 씻은 뒤에 양념을 해 연탄불에 구워 먹은 적도 많다.

그뿐만 아니라 농기계 대리점에서 일하시는 직원 분들에게 직접 돈가스를 만들어드린 적도 있다. 요리에 대한 전문적인 지식은 없었지만 많이 만들어본 경험과 센스는 어느 정도 갖추고 있어서인지 다른 학생들보다 우수한 편이었다.

나는 곧 회사에서 받은 퇴직금으로 차를 한 대 구입했다. 떡볶이 동호회 회원들은 '떡볶이의 모든 것'이라는 카페 이름을 줄여 '떡모'라고 부르곤 했는데 떡모와 아주 잘 어

<퇴직금으로 구입해 '떡모' 카페 엠블럼으로 장식한 자동차 '떡모닝'>

울릴 만한 차를 찾을 수 있었다. 바로 경차 모닝이었다. 모닝을 구입하고 '떡볶이의 모든 것' 엠블럼을 랩핑한 뒤 '떡모닝'이라는 이름도 지어주었다.

나는 떡모닝과 함께 전국에 있는 맛있는 떡볶이집을 모두 찾아다니기 시작했다. 찾아간 떡볶이집 앞에서 떡모닝과 함께 사진을 찍고 카페에 올렸다.

그렇게 전국을 돌며 떡볶이 맛집을 찾아다니다 보니 휴게소에 떡모닝을 세워놓고 그 안에서 잠을 잔 날들이 집에서 잔 날보다 많을 정도였다. 떡모닝은 6개월 만에 주행거리 2만 킬로미터를 훌쩍 넘어섰다. 보통 차들이 1년에 평균 1만 킬로미터를 운행한다고 봤을 때 떡모닝은 나와 함께 네 배 이상을 달린 셈이다.

카페 회원들이 추천해주는 떡볶이 맛집들을 찾아다니며 직접 맛을 보고, 가게마다의 분위기와 시스템도 몸으로 느꼈다. 그리고 현장에서 체득한 그 생생한 느낌들을 고스란히 떡모 카페에 기록해나갔다.

아이템 선정

인생을 걸 만한 아이템이라면 반드시 성공한다

내가 사업 아이템으로 떡볶이를 선택한 이유는 단 하나다. 떡볶이를 무척이나 사랑했기 때문이다. 어린 시절부터 떡볶이는 친구들 사이에서 나를 골목대장으로 만들어준 마법의 아이템이었다. 7년간 꿈도 희망도 없는 회사원으로 일할 때에도 유일하게 열정을 불태울 수 있는 대상이었으며, 인생에서 행복한 기억을 떠올리면 항상 등장하는 아이템이었다. 그렇기에 꿈과 목표를 실현하기 위한 직업을 떠올렸을 때 고민 없이 '떡볶이'를 택할 수 있었다. 이토록 사랑하는 떡볶이라면 인생을 걸어볼 만하다고 판단했기 때문이다. 이렇게 말하면 매우 감정적인 선택으로 보일 수 있다. 하지만 이는 절대 감정적인 선택도, 무모한 선택도 아니다.

사업 아이템을 선정할 때에는 누구나 철저히 시장 조사를 하고 성공 가능성을 가늠한다. 그럼에도 쉽게 성공하지 못하는 게 사업이다. 소프트뱅크의 창업자 손정의 회장은 인생을 걸 만한 사업 아이템이 무엇인지 고민하는 데에만 1년 6개월의 시간을 썼다고 한다. 그는 "남이 안 하는 일, 세상을 바꿀 수 있는 일, 누군가에게 도움이 되는 일, 최고가 될 수 있는 일. 또한 절로 열의가 샘솟으며, 호기심을 유지할 수 있는 일"이 바로 인생을 걸 만한 사업 아이템이라고 말했다.

나에게는 이런 아이템이 바로 떡볶이였다. 누구나 떡볶이를 좋아하지만, 떡볶이에 인생을 걸 결심은 아무나 하지 않는다. 하지만 나는 떡볶이로 세계에 진출할 수 있다고 믿었고, 세계적인 떡볶이 명인이 될 것이라 다짐했다. 무엇보다 나는 떡볶이를 생각할 때면 저절로 열정이 생기고 탐구심이 샘솟았다. 손정의 회장이 말한 인생을 걸 만한 아이템이었던 것이다.

"오르고 싶은 산을 정하라. 그러면 인생의 반은 결정된다."

자신의 인생을 걸고서 최선을 다하지 않을 사람이 어디 있을까. 손정의 회장의 말처럼 일단 인생을 걸 만한 아이템을 찾았다면 첫걸음은 성공적이라고 할 수 있다.

Part 2

떡볶이 왕이
되기 위한 여정

———

아무리 좋은 생각과 아이디어도 행동하지 않으면

결국엔 없는 것과 같다.

가끔은 무모해도 저질러보는 거다.

힘들고 어렵고 불가능해 보여도 일단 시작하자!

하다 보면 답을 찾을 수 있는 기회가 생긴다.

———

떡볶이 지존을
찾아라

전국에는 정말로 다양한 떡볶이가 존재했다. 대구에 가서 처음으로 먹어본 떡볶이는 그야말로 충격적이었다. '○○○ 할매떡볶이'라는 곳이었는데, 나름 매운 음식을 즐기는 편이었지만 이곳의 떡볶이는 그냥 매운 게 아니라 쓴맛이 났다. 굳이 비유를 하자면 한약에 후추를 잔뜩 뿌려먹는 것 같은 느낌이었다.

이곳의 메인 메뉴를 모두 시켜 먹으면서 나는 땀을 줄줄 쏟으며 떡볶이와 씨름했다. 맵기도 엄청나게 매웠지만 단맛은 거의 없이 쓰기만 한 게 더 힘들었다. 이런 떡볶이가 대구에서 가장 유명한 떡볶이라는 게 의아했고, 도대체 누가 이런 떡볶이를 먹는지 궁금했다.

쓰디쓴 떡볶이와 씨름하며 의문에 빠져 있는데, 옆 테이블에 앉아 있는 대구 지역 초등학생들이 숟가락으로 떡볶이를 국물과 함께 퍼먹고 있는 것을 발견했다. 도무지 말이 안 되는 상황이었다. 나름 매운맛 좀 즐긴다는 강자 중의 강자인 내가 초등학생도 저렇게 잘 먹는 떡볶이를 못 먹어 땀을 뻘뻘 흘리고 있다니, 자존심이 상했다.

하지만 나는 끝내 그 떡볶이를 다 먹지 못한 채 가게를 나왔다. 그 떡볶이는 내게 쓰디쓴 패배감을 안겨준 첫 번째 떡볶이였다. 그리고 동시에 큰 깨달음을 안겨준 떡볶이이기도 했다. 나의 입맛에 맞지 않았을 뿐 분명 그 집은 대구에서는 물론이고 전국적으로도 떡볶이 맛집으로 소문난 집이었다. 어릴 적부터 그 맛을 즐기며 익숙한 대구 사람들에게는 최고의 떡볶이임에 틀림없었다.

맛도 중요하지만 결국에는 어릴 적부터 얼마나 그 맛에

익숙해져 있는가, 그리고 그 음식에 나만의 감성과 추억이
함께 깃들어 있는가 하는 것이 환상의 레시피보다 더 중요
하다는 것을 알게 되었다.

　대구에는 그곳의 뜨거운 날씨만큼이나 화끈하게 다가오
는 '○○○할매떡볶이'만 있는 것은 아니었다. 동성로에 또
하나의 떡볶이 맛집이 있었는데 그곳 떡볶이는 대구만의 스
타일을 가지고 있으면서도 누구나 쉽게 접할 수 있도록 순
화된 맛이었다. 잘 익은 부드러운 가래떡이 카레향이 맴도
는 떡볶이 양념과 아주 잘 어우러졌고, 대구의 별미인 납작
만두와 함께 즐기는 맛 또한 일품이었다.

부산의 물떡과 전주의 맛탕 떡볶이

부산 떡볶이는 내가 참 좋아하는 맛이다. 한없이 부드럽고
치즈처럼 입에서 녹는 쌀떡볶이가 있는데, 바로 물떡이라는
것이다. 커다란 판에 각종 야채를 썰어 떡볶이 양념장을 넣

고 잘 볶아준 후, 어묵 국물에 담가 푹 익힌 물떡과 어묵을 그 떡볶이 양념장에 잘 버무려준다. 판에 불을 직접 가해 떡볶이를 볶아내는 방식이 아니라 떡볶이 판 아래의 끓는 물에서 올라오는 수증기로 떡볶이를 잘 버무려주는 중탕 형식의 떡볶이가 바로 부산 떡볶이의 특징이다.

달콤하면서도 진득거리는 양념장이 과하게 맵지도 않을뿐더러 물떡의 부드러움과 타 지역에서는 쉽게 먹을 수 없는 탱탱한 어묵의 식감까지 조화를 이뤄 아주 오묘한 맛을 냈다.

부산이 고향인 분들에게 왜 물떡이 맛있느냐고 물어보면 역시나 어릴 적부터 먹어왔기 때문이라고 대답한다. 처음에는 그 말이 선뜻 이해되지 않았다. 어묵 국물에 담가놓은 가래떡을 꺼내 간장에 찍으면 간장맛, 떡볶이 양념에 찍으면 떡볶이 양념맛밖에 안 났다. 하지만 몇 개를 더 먹고 나서야 나는 물떡만의 맛을 느낄 수 있었다. 오묘하게 스며들어 있는 어묵 국물의 맛과 향이 떡을 씹을수록 서서히 느껴지기 시작했다.

부산 깡통시장에서 40년 넘게 떡볶이와 어묵을 판매하

시는 할머님께 부산에서 물떡이 왜 유명한지 여쭤봤다. 정확하진 않지만 한국전쟁 당시 부산에 많은 피난민들이 몰려들었고, 사람 수가 많아지다 보니 양을 늘리기 위해 떡을 만드는 쌀가루의 수분 함량을 늘려 가래떡을 만들어 부피를 늘리고 또 소화도 잘되게 만들었다고 말씀해주셨다. 그 물떡이 지금까지 부산을 대표하는 음식이 되었다고 한다.

부산에는 가래떡으로 물떡을 만들어 사용하는 떡볶이 맛집이 진짜 많다. 그중에서도 나는 '다리집'을 좋아한다. 이 가게는 아주 재미있는 스토리도 가지고 있다. 처음에는 트럭에서 떡볶이를 팔았다고 한다. 트럭에서 떡볶이를 사먹는 주요 고객들은 주변 학교의 여고생들이었는데, 당시만 해도 떡볶이는 불량식품으로 인식되는 경우가 많아 선생님들이 떡볶이를 사먹는 학생들을 단속하곤 했단다. 그래서 누가 떡볶이를 사먹는지 모르게 하기 위해 트럭에 천막을 설치했는데, 멀리서 보면 이 가림막으로 인해 학생들의 다리만 보였다. 그렇게 해서 이름도 없던 떡볶이 트럭에 다리만 보인다고 해서 '다리집'이라는 상호가 생겼고, 지금은 큰 가게에서 운영을 한다.

이 집은 가래떡으로 만든 떡볶이도 맛있지만 대왕오징어를 튀겨낸 오징어튀김이 진짜 매력적이다. 떡볶이와 오징어튀김을 주문하면 가위도 함께 내주는데 큰 오징어튀김을 쑥떡쑥떡 잘라 떡볶이 양념에 찍어먹는 재미가 아주 좋다. 부산에 갈 때마다 항상 이 집을 찾다 보니 그곳 사장님과도 인연을 맺게 되었고, 사장님은 '떡볶이의 모든 것' 카페에도 가입해 회원으로도 활동하신다.

이곳 사장님은 1년 365일 떡볶이를 만들다 보니 외부 활동을 거의 못하지만 피규어를 수집하는 취미가 있어서 유일하게 쉬는 날이면 피규어를 수집하러 서울에 오거나 일본까지 원정을 가는 게 전부다. 그만큼 피규어에 대한 사랑이 남다른데, 그 귀한 피규어를 내게 선물해줄 만큼 우리는 특별한 관계가 되었다.

맛의 고장인 전라도에서는 아직 전라도만의 특별하고 색다른 맛을 내는 떡볶이를 찾지는 못했다. 전라도 음식들이 워낙 다양하고 맛이 훌륭해서 굳이 떡볶이에까지 신경을 안 썼을 수도 있겠다는 생각이 들 정도였다.

그래도 전라도 전주의 한 떡볶이집에서 먹은 떡볶이 맛은 특별했다. 지금은 '○○온떡볶이'라는 상호로 간판을 변경했는데, 물엿이 듬뿍 들어간 떡볶이에 고구마 맛탕까지 들어간 떡볶이는 매운맛보다는 달콤한 맛이 매력적이다. 떡볶이와 고구마의 조합이 의외로 좋아서 기억에 남는 특별한 떡볶이집이다.

서울 떡볶이
4대천왕

서울 대학로에 위치한 '나○○떡볶이'도 내가 좋아하는 떡볶이집 중 하나다. 예전에 H.O.T.가 출연하는 TV 프로그램을 통해 '핫떡볶이'라는 애칭이 붙은 떡볶이집이다.

이곳의 떡볶이는 말랑말랑한 쌀떡과 매콤하면서도 새콤한 듯한 양념이 쌀떡볶이의 진수를 보여주는 맛집이다. 불에 직접 가열해 떡볶이를 만드는 방법을 사용하지 않고 계란찜을 만들 듯 끓는 물에 떡볶이판을 올려 중탕 형식으로 만드는데, 떡볶이가 진짜 말랑말랑하고 떡과 양념이 매우 조화롭다. 특히 이곳의 어묵은 부산 특천 어묵을 사용하는 데 일반적인 상천보다 한 등급 높은 고급 어묵으로 크기와 두께 그리고 어육 함량이 높아 어묵 한 개만 먹어도 든든할 정도다.

이곳은 떡볶이 맛집이지만 김밥 또한 예사롭지 않다. 요즘 유행하는 다양하고 풍성한 맛의 김밥을 선호한다면 호불호가 나뉠 수도 있다. 하지만 김밥 고유의 맛을 선호한다면 '아, 김밥의 맛이 바로 이런 거구나!'라고 할 만큼 기본에 아주 충실한 김밥이다. 이 김밥을 떡볶이 국물에 푸욱 찍어 먹는 것을 추천한다. 그만큼 슴슴하면서도 김밥 본연의 맛이 아주 좋다.

이 떡볶이집은 내가 〈유 퀴즈 온 더 블럭〉이라는 방송에 출연했을 때 언급한 적이 있는 곳이기도 한데, 그 방송 이후 떡볶이에 대한 이야기가 무척이나 좋은 반응을 얻었다고 한다.

떡볶이라는 주제로 시청자들이 다양한 이야기를 나누는 댓글을 보고 PD님과 작가님이 나를 찾아왔다. 그리고 떡볶이로 이야기를 만들면 좋겠다는 의견을 시작으로 유재석, 조세호, 최소라 씨와 함께 〈난리났네 난리났어〉라는 프로그램을 진행하게 되었다. 〈유 퀴즈 온 더 블럭〉의 스핀오프인 이 프로그램은 좀 더 세밀하고 전문적인 내용의 떡볶이 편으로 기획되어 출연자들이 함께 떡볶이 여행을 떠나는 콘셉트였다.

〈난리났네 난리났어〉 방송을 위해 어떤 떡볶이집을 소개하면 좋을지 한 달 넘게 고민하면서 작가님들과 떡볶이집을 찾아가 일일이 맛을 보며 떡볶이 종류와 스타일 등을 고려해 최종적으로 세 곳을 선정했다. 여담으로, 이때 함께한 작가님들은 처음에는 일하면서 떡볶이를 먹는다고 너무 좋아했지만 며칠 동안 떡볶이만 먹자 나중에는 떡볶이의 떡 소리만 들어도 소스라치곤 했다.

가장 먼저 소개한 맛집은 쌀떡볶이라는 주제에 걸맞게 떡 자체만으로도 떡볶이의 맛을 결정짓는 한양대학교 앞에 위치한 '악ㅇ떡볶이'였다. 이곳은 매일 아침마다 방앗간에서 그날 판매할 물량의 쌀떡을 뽑아와 떡볶이를 만든다. '나

○○떡볶이'와 비슷한 느낌도 있지만 '나○○떡볶이'의 떡이 약간 인절미 느낌의 부드러움을 가지고 있다면, '악○떡볶이'의 떡은 쫄깃한 부드러움이 그대로 느껴진다.

나는 '악○떡볶이'의 메뉴 중 특히 양푼에 담긴 매운맛의 '떡볶이튀김범벅'을 좋아한다. 약간 매운 떡볶이를 먹고 고구마튀김을 양념에 찍어먹으면 매운맛과 고구마의 단맛이 환상적인 조화를 이룬다. 이곳의 어묵 또한 부산 어묵 중 특천을 사용하는데 어육 함량이 높아 식감이 쫄깃하고 어육의 향과 맛이 뛰어나다.

예쁜 떡볶이와 즉석떡볶이

그다음 소개한 맛집은 '아○떡볶이'이다. '떡볶이의 모든 것' 동호회 회원으로 활동하는 닉네임 '아찌' 님이 운영하는 매장이다. 카페 회원으로 활동하기 전부터 수차례 방문했던 곳인데, 어느 날 뒤늦게야 그분이 떡볶이 동호회 회원으로 활동하고 있다는 사실을 알게 되었다.

이 떡볶이집은 20여 년 전에 신촌 부근에서 매장이 아닌 트럭으로 장사를 하다가 건국대학교 앞 화양시장에 매장을 오픈해 자리를 잡았다.

방송에서 나는 이곳을 세상에서 제일 예쁜 떡볶이라고 소개했는데, 그 이유는 바로 떡볶이 양념에 사용하는 고춧 가루에 숨어 있다. 두 가지 이상의 고운 고춧가루만으로 양념장을 만들어 떡볶이의 색감이 아주 또렷할 정도로 밝고 윤기가 난다. 시각적으로 예쁠 뿐만 아니라 맛 또한 텁텁함이라고는 하나도 찾아볼 수 없을 정도로 아주 깔끔하다. '별대'라는 긴 밀떡을 아침마다 직접 떼어와 사용하는데, 이 밀떡은 주정침지(떡이 건조되기 전 알코올의 원료 등으로 살균해 유통기한을 늘리는 방식)도 되어 있지 않은 생떡이라 말랑말랑한 떡의 감성을 그대로 느낄 수 있다.

그렇다고 해서 이 집의 떡볶이 맛이 오래오래 기억될 만큼 아주 특별난 것은 아니다. 하지만 이곳의 떡볶이는 떡볶이의 기본에 가장 충실한 맛이다. 특별하지 않아서 호불호 없이 누구나 즐길 수 있는 깔끔한 떡볶이 맛이 이곳만의 가장 큰 매력이다. 특별한 맛이 아니어서 더욱 특별했던 누구나 아는 그 맛! 깔끔한 맛의 최고를 꼽자면 단연 '아○떡볶이'라고 자신할 수 있다.

방송에서 마지막으로 방문했던 떡볶이집은 즉석떡볶이로 유명한 '작은○○'이다. 연예인 송혜교, 한예진, 이진 씨 등이 졸업한 은광여고 앞에 위치한 이곳은 학생들뿐만 아니라 다양한 마니아층을 가지고 있는 서울의 대표적인 즉석떡볶이 맛집이다. 수많은 낙서가 빼곡하게 적혀 있는 이곳의 분위기는 입구에 들어서면서부터 감수성을 풍부하게 만들어준다.

주문과 동시에 나오는 즉석떡볶이는 누구다 다 아는 맛이지만 이곳만의 감성과 분위기가 떡볶이의 맛을 한층 증폭시켜준다. 쫄면사리와 만두튀김을 추가로 넣어 먹을 것을 추천한다. 보글보글 끓는 떡볶이와 다양한 사리를 먹으면서 끝나지 않을 것 같은 수다를 떨다 보면 어느새 볶음밥을 주문할 타이밍이 온다. 이곳에서는 떡볶이 냄비를 통째로 가져가 주방에서 어느 정도 볶음밥을 완성시켜 내어주기 때문에 대화가 끊길 틈이 없다.

　신기하게도 유명한 즉석떡볶이 맛집은 여고 앞에 많다.
왜 그럴까? 단순히 여성들이 즉석떡볶이를 더 좋아해서 그
런 게 아닐까 생각할 수도 있지만, 좀 더 분석해보면 전투적
으로 한 개라도 떡볶이를 더 많이 먹어 치우려는 남학생들
에게는 즉석떡볶이가 익기를 기다리는 시간조차 견디기 힘
들다.
　하지만 여학생들은 보글보글 즉석떡볶이가 익어가는
시간 동안 학교 이야기, 남자친구 이야기, 연예인 이야기
등 아주 많은 이야기를 나눈다. 떡볶이를 다 먹은 뒤 볶음
밥을 만들어 먹는 시간에도 또다시 이야기꽃을 피울 수 있
다. 친구들끼리 수다를 떨면서 먹기에 즉석떡볶이만 한 음
식도 없는 셈이다.

최고의 레시피를
찾아라

전국의 맛있는 떡볶이집들을 찾아다니면서 나는 그 여정을 빠짐없이 기록하기 시작했다. 그러자 '떡볶이의 모든 것' 카페에는 검색한 게시물이 아닌 내가 직접 발로 뛰어 찾아내고 먹어본 떡볶이집을 소개하는 게시물이 점점 많아졌다.

실제로 경험한 떡볶이 관련 글들이 쌓이다 보니 어느새 카페 회원 수도 늘어나기 시작했고, 내가 올린 게시물에 댓글도 달렸다. 내가 먹은 떡볶이에 대해 이미 알고 있거나 경험한 회원들이 댓글을 올려주었고, 그렇게 카페에서의 소통이 시작되었다. 그리고 회원들이 올린 댓글은 새로운 정보가 되어 다른 회원들과 서로 공유하며 또 하나의 소통을 만들어냈다.

100명 미만이었던 카페 회원 수가 짧은 기간 동안 1만 명이라는 수를 넘어섰고, 포털 사이트에서 단일 주제의 활발한 카페로 인정을 받으면서 급상승 랭킹 1위가 되어 대표 카페로도 선정되었다. 카페스토리라는 포털 사이트 메인 화면에 소개되던 날에는 하루 종일 신규 회원들의 가입 인사가 이어질 만큼 '떡볶이의 모든 것' 카페에 대한 관심이 대단했다.

카페는 떡볶이에 관한 다양한 활동을 나누는 소통의 공간이었다. 떡볶이 맛집을 찾는 회원들은 물론이고 떡볶이 레시피를 서로 공유하는 회원들도 많았다. 그뿐만 아니라 프랜차이즈가 아닌 개인 떡볶이 가게를 창업하는 분들의 정보 공유도 상당했다.

카페 회원 중에는 당연히 떡볶이를 좋아하는 분들도 많았지만 떡볶이집 창업과 관련해 도움을 줄 수 있는 분들도 무척 많았다. 삼진어묵 대표를 비롯한 어묵 공장 사장님들, 튀김 공장과 순대 공장 등 관련 업종의 종사자들과 관계자들, 그리고 이미 맛집으로 유명한 떡볶이집 사장님들도 카페 회원으로 활동하며 창업을 위해 가입한 회원들에게 꼭 필요한 조언과 정보, 노하우까지 아낌없이 공유해주었다. 이렇게 떡볶이를 주제로 뭉치다 보니 카페에는 20대부터 60대까지 정말 다양한 연령층의 회원들이 함께 소통하며 활발하게 활동을 이어갔다.

익숙하거나 '개취'이거나

대한민국 어느 지역에나 맛있는 떡볶이집은 있기 마련인데, 개인적으로 떡볶이의 특징을 제대로 만들어낸 곳은 역시 대구와 부산이라고 생각한다. 그만큼 다른 지역에 비해 떡볶이의 맛과 모양이 확연할 정도로 차이가 있다.

어느 날 떡볶이 맛집을 찾기 위해 대구에 내려간 적이 있다. 한참 떡볶이집을 찾아다니고 있는데 문득 카페에서 대구에 방문하면 꼭 한번 만나자고 쪽지를 주셨던 한 회원님이 생각났다. 나는 그분에게 연락을 한 뒤 곧장 경산에 있는 카페 회원이 운영하는 매장을 찾아갔다.

'이웃집○○떡볶이'라는 상호였는데, 매장도 꽤나 넓었고 각종 귀여운 캐리커처와 다양한 소품의 인테리어가 눈길을 끌었다. 매장 한쪽에는 고객들이 놀 수 있는 놀이 공간도 마련되어 있는 아주 재미있는 떡볶이 매장이었다.

더 놀라운 것은 매장에서의 매출도 엄청났지만 떡볶이 배달로도 매장 이상의 매출 실적을 올리고 있다는 사실이었다. 지금이야 떡볶이 배달이 흔한 풍경이지만 당시만 해도 중국 음식이나 피자, 치킨을 제외하면 배달이 그렇게 활성화되어 있지 않았었다.

나는 이 떡볶이집 사장님으로부터 어떻게 해서 떡볶이라는 음식을 배달하게 되었고, 또 배달된 떡볶이가 불지 않고 맛을 유지할 수 있는지에 대한 다양한 노하우를 전해 들었다. 그뿐만 아니라 대구 떡볶이의 역사도 들을 수 있었는데, 이야기가 얼마나 재미있었는지 날이 밝는지도 모르고 우리들의 떡볶이 이야기는 계속되었다.

밤새 떡볶이에 대한 많은 이야기를 나누다 보니 사장님과 급격히 친해지게 되었고, 이후 사장님은 '떡볶이의 모든 것' 카페의 회원으로 활동하면서 많은 창업자들에게 떡볶이의 배달 가능성과 그 노하우 등에 대해 강의도 해주셨다.

정모와 번개가 주로 서울에서 이루어지다 보니 참여할 수 있는 여건이 어려운 회원들이 지방에서도 정모와 번개를 해주길 바랐다. 서울이 아닌 지역에서 처음으로 정모를 추진해주신 분도 바로 이 '이웃집○○떡볶이' 사장님이다. 사장님은 대구 지역에서 열리는 정모를 위해 사비로 서울까지 관광버스를 보내주시는 열정과 성의를 보여주셨다.

서울에서 50명의 카페 회원들이 모여 사장님께서 보내주신 버스를 타고 떡볶이 정모가 열리는 대구로 향했다. 이외의 다른 지역 회원들은 개인 차량을 이용해 대구로 왔다. 대구에 모인 '떡볶이의 모든 것' 카페 회원들은 '이웃집○○떡볶이' 매장에서 정모를 열었다. 사장님께서 회원들의 정모를 위해 하루 휴업을 하면서까지 매장을 제공해주셨다.

떡볶이 왕이 되기 위한 여정

그렇게 해서 70명의 회원들은 서울이 아닌 지방에서 처음으로 카페 정모를 가질 수 있었다.

떡볶이를 좋아하는 전국의 회원들이 한자리에 모여 대구 전통 떡볶이를 맛보았다. 떡볶이 맛에 대한 반응은 회원 수만큼이나 다양했다. 카레 향이 살짝 맴돌면서 후추가 잔뜩 들어가 맵고 쌉쌀하면서 단맛이 없는 대구 떡볶이 맛에 기겁하는 회원이 있는가 하면, 의외로 입맛에 잘 맞는다며 정말 맛있게 먹는 회원도 있었다.

대구 떡볶이뿐만 아니라 전국의 유명한 떡볶이를 경험하면서 느끼게 된 것은, 아무리 맛있는 떡볶이라고 소문이 자자해도 결국 내 입맛에 맞는 떡볶이는 따로 있다는 것이다. 어릴 적부터 친구들과 함께 즐기면서 익숙해진 그 맛이 나에게는 최고의 떡볶이인 것처럼 말이다. 결국 맛있는 떡볶이는 절대적인 레시피에서 탄생하는 것이 아니라는 것을 알게 되었다. 내가 좋아하고 나에게 익숙한 맛을 내는 곳이 최고의 맛집이다.

훗날 내가 떡볶이 브랜드 '두끼'를 창업했을 때 다양한 양념으로 직접 만들어 먹는 콘셉트의 떡볶이를 기획할 수 있었던 것도 이때의 여러 경험이 바탕이 되었기에 가능한 일이었다. 대구에 살면서 대구 떡볶이에 익숙한 학생들이 성인이 되어 서울에서 직장생활을 하게 되면 가끔 대구의 떡볶이 맛이 그리워질 테고, 그때 굳이 대구까지 가지 않더라도 '두끼'에서 제공하는 대구 떡볶이 양념으로 그 맛을 느낄 수 있도록 한 것이다. 떡볶이에는 절대적인 레시피도, 절대적인 맛도 따로 있는 게 아니다.

행동하지 않으면
결과도 없다

전주에서 맛있는 떡볶이를 먹고는 현장에서 바로 '떡볶이의 모든 것' 카페에 소식을 올린 뒤 다시 서울로 향하는 길이었다. 전주 톨게이트를 몇 미터 앞에 두고 현수막 하나가 눈에 들어왔다. '2012년 제7회 순창 장류 축제 개최' 그걸 본 순간 왠지 느낌이 좋았다. '순창 장류 축제'는 처음 들어보지만 순창 하면 바로 고추장 아니던가. 그 고추장으로 축제를 한다고 하니 떡볶이 동호회 회장인 나로서는 무척이나 흥미로운 일이 아닐 수 없었다.

서울로 올라가는 톨게이트에서 바로 순창으로 향하는 자동차 전용 도로에 올랐다. 전주에서 순창까지는 떡모닝으로 대략 40분 정도 걸렸다. 가는 동안 나는 순창 군청에 전화를 걸어 순창 장류 축제가 구체적으로 어떤 행사인지 자세히 알아보았다. 그 과정에서 축제의 담당자도 알게 되었다. 순창에 도착해 먼저 담당자를 만나 인사를 나눈 뒤 나는 이렇게 제안했다.

"이렇게 유명하고 대단한 축제가 있는지 오늘 처음 알았습니다. 순창 장류 축제는 순창의 특산품인 고추장으로 다양한 행사를 하는 것 같은데, 저는 떡볶이 동호회 회장입니다. 떡볶이와 고추장은 서로 떼어놓을 수 없는 관계죠. 제가 떡볶이 동호회 회장으로서 순창 장류 축제에서 떡볶이로 재미있는 행사 한번 해보겠습니다!"

지금 생각해도 아무런 계획도 없이 어떻게 그런 용기가 났는지 신기할 정도다. 축제 담당자도 어이없긴 마찬가지였을 것이다. 하지만 나의 뻔뻔한 패기에 담당자는 떡볶이 행사를 허락해주었고 구체적으로 무엇을 할지 알려달라고 했다.

서울로 올라온 나는 그날부터 내가 저질러놓은 짓에 대한 후회를 수도 없이 했다. 그러다가도 이왕 벌인 일이니 무엇이든 해야 한다고 생각했다. 그렇게 후회와 고민을 반복하던 끝에 결국 떡볶이로 시작했으니 떡볶이로 승부를 보자는 심정으로 2012인분의 떡볶이를 만들기로 계획했다. '2012년'에 열리는 축제에서 아이디어를 얻었다.

말이 2012인분이지, 더군다나 처음 해보는 행사에서 그렇게 어마어마한 양의 떡볶이를 만들어내려면 많은 사람들의 도움이 필요했다. '떡볶이의 모든 것' 동호회에 이 사실을 공지하자 10여 명의 회원들이 참여 의사를 밝혀주셨다. 그들과 함께 2박 3일 동안 재료를 준비하고 시뮬레이션도 해보면서 완벽하게 준비를 마쳤다.

드디어 결전의 날, 나는 회원들과 함께 2012인분의 떡볶이를 만들기 시작했다. 철판이 워낙 크기 때문에 물을 끓이는 데만 1시간 30분 정도의 시간이 소요되었다. 대략적으로 100리터 정도의 물이 들어갔는데, 워낙 양도 많고 오랜 시간을 끓이다 보니 증발하는 물의 양도 만만치 않았다. 증발하는 물의 양만큼 다시 채우는 작업에도 정확한 측량과 센스가 필요했다. 떡볶이 맛의 첫 번째는 바로 물이기 때문이다. 물의 양에 따라 떡볶이의 맛이 크게 좌우되기도 한다. 그렇게 회원들과 3시간 정도 떡볶이와의 사투를 벌인 끝에 드디어 2012인분의 떡볶이가 완성되었다.

무모한 도전과 경험의 힘

그런데 그때 생각지도 못한 큰 변수가 나타났다. 순창 장류 축제는 지역에서 열리는 축제 중 어마어마하게 큰 규모를 자랑했다. 그런 축제이니만큼 전라도의 고위 관계자들이 모두 방문해 축제를 독려하고 즐기는 행사였다. 순창 장류 축제의 메인이 순창 고추장인 만큼 고위 관계자들이 고추장을 넣는 퍼포먼스가 있을 거라고 미리 전달을 받긴 했었다.

그런데 문제는 커다란 항아리에 담긴 고추장을 그렇게 많이 쏟아 부을 거라곤 예상하지 못했던 것이다. 순창 군수를 비롯해 시의원, 도지사 등등 네다섯 명의 인사들이 각각

<무턱대고 참여한 순천 장류 축제에서 만든 2012인분 대형 철판 떡볶이>

큰 항아리에 담긴 순창 고추장을 쏟아 붓는 퍼포먼스를 했다. 그렇게 많은 양의 고추장이 들어가고 나면 떡볶이는 아주 짜고 맛이 상당히 무너질 터였다.

순간적으로 우리가 내린 판단은 양념을 덜어내는 것이었다. 나와 카페 회원들은 각자 양손에 국자를 집어 들고 떡볶이 양념을 퍼내기 시작했고, 한쪽에서는 물을 채워 넣었다. 다행히 많은 양의 고추장이 들어갔음에도 먹을 만한 떡볶이가 완성되었다.

하지만 떡볶이 동호회 회장으로서 크게 만족할 만한 맛은 아니었다. 그리고 축제를 즐기러온 대부분의 관람객은 젊은 층이 아닌 가족들이나 연세가 어느 정도 있으신 분들이었다. 그들은 요즘 젊은 친구들이 좋아하는 매운맛에 그다지 열광하지 않았다.

어쨌든 그런 과정을 거쳐 고추장이 큰 항아리째 들어갈 것을 감안한 떡볶이 레시피와 어른들의 입맛에 맞춰 맵지 않고 숙성된 맛의 떡볶이를 만들 수 있는 노하우가 생겼다. 이후로 순창 장류 축제의 대형 떡볶이 퍼포먼스는 메인 행사 중 하나가 되었으며, 나는 2012인분부터 시작해 2019인분까지 쭉 진행을 맡았다.

장사도 사업도 마찬가지다. 우리는 장사나 사업을 시작하기만 하면 무조건 대박이 날 거라는 희망을 갖는다. 그 누구도 손님이 없거나 매출이 안 오르면 어떻게 할지에 대해 미리 생각하는 경우는 드물다. 분식집 창업을 준비하는 경우 낮에는 김밥을 팔아 매출을 올리고, 오후부터는 떡볶이와 분식을 팔고, 저녁에는 술까지 함께 팔아 총 200~300만 원의 매출을 올리겠다는 것을 목표로 하는 분들을 정말 수도 없이 많이 봤다.

하지만 막상 창업을 하고 나면 하루 20~30만 원 팔기도 어렵다는 현실에 직면하게 된다. 분식집 창업은 일반적으로 소자본 창업, 생계형 창업이기에 쉽게 직원을 쓸 수 있는 구조가 아니다. 보통 혼자 하거나 두 명 정도로 시작하는 경우가 많다. 점심 매출을 꿈꿨던 김밥이라는 메뉴는 특히 인건비와 직결되어 있다. 두세 팀 정도의 손님이 동시에 주문을 해도 혼자서 처리할 수 있는 메뉴가 아닌 것이다. 이렇게 막상 시작하고 나면 예상하지 못했던 수만 가지의 일들이 벌어진다.

그래서 경험이 중요하다. 꼭 분식집 창업이 아니더라도 창업을 준비할 때는 머릿속으로 백번 상상하고 계획하기보다 반드시 그 분야에 직접 뛰어들어 경험하고 체득한 뒤 시작할 것을 강력하게 권한다. 나 역시 세상에 경험보다 더 큰 가르침은 없다는 것을 몸소 깨달았기 때문이다.

만약 내가 전주에 떡볶이를 먹으러 가지 않았다면, 그래서 순창 장류 축제 현수막을 보지 못했고 순창 장류 축제의 담당자도 만나지 못했더라면 순창 장류 축제의 메인 행사

중 하나인 대형 떡볶이 퍼포먼스는 아예 존재하지도 않았을 것이다.

아무리 좋은 생각과 아이디어도 행동하지 않는다면 결국엔 없는 것과 마찬가지다. 가끔은 무모해도 저질러보는 거다. 아무리 힘들고 어렵고 불가능해 보여도 일단 시작하자! 하다 보면 답을 찾을 수 있는 기회가 생기기 마련이다.

내 꿈에
날개를 달아준 사람들

2012년 3월 24일 토요일, 이날은 '떡볶이의 모든 것' 카페의 제2회 정모가 열리는 날이었다. 두 번째 열리는 떡볶이 정모는 모임 장소인 홍대 떡볶이 매장이 협소해 15명의 인원으로 진행할 예정이었으나, 참가하고 싶어 하는 회원들이 많아 32명의 인원으로 늘린 뒤 1차, 2차로 나누어 진행하기로 했다.

그러나 결국에는 41명의 회원들이 정모에 참석해 홍대 떡볶이집을 투어하는 엄청난 규모의 정모가 되었다. 41명의 남녀소노가 거리를 누비며 떡볶이집을 찾아다니는 모습을 상상해보라. 우리가 찾아간 떡볶이 매장의 사장님들도 적잖이 당황했을 것이다.

홍대 떡볶이집 투어를 모두 마친 우리는 마지막 코스로 미리 예약해둔 지하 1층의 큰 술집으로 향했다. 카페에서는 자주 이야기를 나누었으나 실제로는 처음 뵙는 분들이 많다보니 서로 어색해하기도 했지만 떡볶이라는 공통의 주제가 있어서 금방 친해졌다.

내가 앉은 테이블에는 부산에서 온 닉네임 '영도삼진' 님이 함께했는데, 이분의 참석은 내게 아주 큰 의미가 있었다. 이제 고작 두 번째 하는 떡볶이 정모였지만 정모에 참석하기 위해 부산에서 서울까지 올라온 회원이 있다는 것은 우리 카페가 전국구가 되어가고 있다는 것을 증명해주는 것이었다.

영도삼진 님은 젊고 잘생긴 청년이었다. 얼핏 보면 이동건 배우를 닮은 외모에 키도 상당히 큰 훈남이었다. 부산 떡볶이와 부산 어묵에 대한 지식도 어느 정도 갖춘 편이라

그를 통해 부산의 떡볶이에 대한 여러 가지 이야기를 들을 수 있었다. 부산까지 내려가야 해서 먼저 자리를 뜬 그는 참여한 떡볶이 모임이 인상 깊었는지 내려가는 기차에서 카페에 후기를 남기기도 했다.

두 번째 정모를 마치고 한 달 정도의 시간이 흘렀을 무렵의 어느 날, 나는 떡모닝을 타고 부산으로 향하기로 했다. 부산에서의 떡볶이 투어를 계획하고 영도삼진 님에게 연락을 했다. 부산의 떡볶이 맛집도 추천해주고, 또 가능하면 함께 투어를 해보는 게 어떻겠느냐고 제안하자 그는 선뜻 응해주었다.

서울에서 부산까지 직접 운전을 해 이동하는 것은 처음이었다. 하지만 5시간 정도 경차로 운전을 하면서도 피곤함은커녕 즐거운 기분이었다. 누구나 자신이 하고 싶은 일을 할 때와 누군가가 시켜서 할 때의 마음가짐은 전혀 다를 것이다. 직장생활을 할 때는 결제를 받기 위해 3시간 정도의 거리만 운전을 해도 온몸이 부서질 듯 아팠다. 그 시간이 그렇게 길고 지루하고 힘들 수가 없었다. 하지만 떡볶이를 먹으러 간다고 생각하니 5시간 정도 운전을 해도 전혀 지루하지 않고 오히려 신이 났다.

떡볶이, 진짜 어묵을 만나다

드디어 부산에 도착해 영도삼진 님을 만난 곳은 삼진어묵 장림 공장 정문이었다. 알고 보니 그는 다름 아닌 삼진어묵의 3대 가업을 이어가고 있는 박용준 대표였다. 미국에서 회계학를 공부하던 박 대표는 어머님의 부름을 받고 한국으로 다시 오게 되었다고 했다.

그때까지만 해도 가업을 이어갈 생각은 전혀 없었는데, 막상 돌아와 회사의 재무 상태를 분석해보고 심각함을 느꼈다고 했다. 분명 어묵을 잘 만들고 잘 팔고 있었는데도 회사의 상황은 그리 좋지 않았다. 그래서 회사를 다시 일으키기 위해 어묵 사업에 뛰어들었고 자연스럽게 가업을 이어가게 되었다고 했다.

그 당시만 해도 삼진어묵은 그렇게 유명한 회사가 아니

었다. 부산에서 판매하는 어묵의 대다수는 삼진어묵이었음에도 그냥 부산 어묵이라고만 했지 그 누구도 '삼진어묵'이라는 브랜드를 알지는 못했다. 브랜딩이 되어 있지 않았던 것이다. 나 역시 부산 어묵만 들어봤지 삼진어묵이라는 브랜드는 처음 들어봤으니 말이다.

그렇게 갑작스럽게 가업을 이어받은 박 대표는 본격적으로 어묵을 공부하기 시작했다. 어묵 사업을 하는 집안에서 태어났어도 어묵에 대해서는 잘 알지 못했다. 어린 시절 몸에서 어묵 냄새가 난다며 '오뎅집 아들'이라고 놀림을 받았던 그에게 어묵은 오히려 씁쓸한 기억을 떠올리게 하는 존재였다. 그런 그가 어묵 사업을 시작했으니 여간 어려운 일이 아니었다.

박 대표는 어묵 공부를 하던 중 인터넷을 통해 어묵과 연관 검색된 떡볶이에 관심을 갖게 되었고, 그러면서 떡볶이로 가장 유명하고 활발한 '떡볶이의 모든 것' 카페를 알게 되었다. 카페 회원이 된 그는 무작정 정모에 참석해 결국 나를 만나게 되었던 것이다.

그렇게 부산에서 박 대표와 만나게 된 나는 그의 소개로 난생 처음 어묵 공장을 견학했다. 내가 알고 있는 어묵은 비위생적인 환경에서 잡다한 물고기를 갈아 만든 저렴한 음식이라고 생각했었는데, 삼진어묵 공장은 그런 나의 생각을 완전히 바꿔놓았다.

공장 입구에는 클린룸 장비가 설치되어 있었는데, TV 고발 프로그램에서 봤던 어묵 공장들과는 차원이 달랐다. 먼지 한 톨 들어가지 못할 정도의 완벽한 위생 시설은 물론이고 새로 지었다고 해도 무방할 만큼 반짝반짝 광택이 나는 기계에서 어묵이 만들어지고 있었다.

여러 가지 재료들로 배합된 반죽이 다양한 모양의 성형기를 통과한 뒤 라인을 따라 튀김기로 들어갔다. 그렇게 튀겨진 뒤 탈유 과정을 거치고 막 나온 어묵을 한 입 베어 물자 평소 먹어본 어묵이 아닌 정말 살아 있는 생선을 통째로 먹는 듯한 식감과 풍미가 느껴졌다. 반대편에는 수많은 어묵 장인들이 수작업으로 고급 어묵을 만들고 있었다. 분식집이나 포장마차에서 늘 먹던 꼬불꼬불한 어묵만이 아니라 일일이 헤아리기 어려울 만큼 많은 종류의 어묵들이 만들어지고 있었다.

공장을 견학한 뒤 우리는 2층 사무실로 올라갔다. 그곳에서 삼진어묵의 2대 대표이자 박 대표의 아버님이신 회장님을 만나 뵈었다. 박 대표는 회장님께 나를 서울에서 온 떡볶이 동호회 회장이라고 소개했다. 이미 아드님을 통해 나에 대한 이야기를 전해 들으셨는지 회장님은 아주 반갑게 나를 맞이해주시며 삼진어묵의 히스토리를 이야기해주셨다. 난생 처음으로 접한 어묵의 신세계에 감동했고, 어묵역시 떡볶이처럼 흔하지만 소중한 음식이라는 생각을 처음으로 하게 되었다.

공감과 존경의 지지자들

그날 이후 부산 떡볶이와 부산 어묵의 매력에 완전히 매료된 나는 부산에 자주 방문했다. 부산에 갈 때마다 박 대표를 만났고 공감대가 깊었던 우리는 아주 많은 이야기를 나누었다.

박 대표와 함께 부산 자갈치 시장에 간 적이 있는데, 그 곳에는 매대에 어묵을 펼쳐놓고 판매하는 상인들이 상당히 많았다. 보통 우리는 대형 마트나 슈퍼마켓에서 봉지에 든 어묵을 구입하는 게 일반적인데, 부산 재래시장에서는 손님들이 직접 다양한 어묵을 골라 담아 구입할 수 있었다. 그만큼 부산의 식문화에서 어묵은 익숙하고도 중요한 식재료였다. 심지어 제사를 지낼 때도 어묵을 올린다고 했다.

재래시장에는 수많은 어묵 매장이 있었는데 그중 꽤 여러 곳의 매장이 모두 삼진어묵을 판매하는 곳이었다. 그런데 그 누구도 '삼진어묵'은 잘 모르고 그냥 부산 어묵이라고 부른다고 했다. 그런 점이 바로 박 대표가 가장 고민하는 부분이었다. 한마디로 삼진어묵만의 브랜딩이 절실한 상황이었다.

우리는 자갈치 시장에 있는 한 포장마차에 앉아 꼬치어묵을 먹으며 시간가는 줄 모르고 떡볶이와 어묵에 대한 이야기를 나누었다. 나의 꿈은 떡볶이 명인이 되는 것이었고, 박 대표의 꿈은 어묵의 세계화였다. 그는 어묵이 가지고 있

떡볶이 왕이 되기 위한 여정

는 단백질이 미래의 단백질 공급원이 될 거라는 확신으로 어묵 시장을 개척하는 꿈을 가지고 있었다. 나는 전 세계인들에게 익숙한 양념에 떡을 볶아 만들면 떡볶이 또한 세계화가 가능할 거라고 이야기했다. 비록 당장 가지고 있는 자본은 넉넉하지 않았지만 우리의 열정만큼은 세계 정복을 뛰어넘어 우주 정복까지도 할 수 있을 만큼 불타올랐다.

삼진어묵 회장님 내외분과 식사를 한 적이 있는데, 나는 이때부터 두 분을 아버님, 어머님이라고 불렀다. 두 분께서는 아무것도 아닌 나를 믿고 박 대표와 함께 삼진어묵을 이끌어보면 어떻겠느냐는 제안까지 하셨다. 하지만 떡볶이에 미쳐 있던 나는 더군다나 역사가 깊은 큰 기업을 이끌어갈 자신도, 용기도 나지 않았다.

감사하게도 두 분은 그런 나의 마음을 이해해주셨고, 대신 떡볶이 분야의 최고가 되라고 응원해주셨다. 그리고 아직 어려운 형편임을 잘 아셨는지 가끔 용돈도 주셨다. 늘 자식 잘되기를 바라는 부모의 마음인 것만 같아 뭉클했던 그때의 감동은 평생 잊을 수 없는 감사한 기억이다.

두 분은 수십 년 전부터 지금까지 매일 새벽 4시에 일어나 직접 어묵을 배달하신다고 했다. 이제는 그만해야지 하면서도 수십 년 동안 해온 습관을 버리지 못하시는 것 같다. 부산 어묵의 역사를 만드신 분들이 아직도 현장에서 일을 하고 계시는 것이다.

두 분의 삶은 그 자체가 나에게 커다란 교훈이다. 두 분의 그런 열정과 성실함과 끈기가 있었기에 지금의 삼진어묵이 존재할 수 있었을 테니 말이다.

자기 확신

실력이 있으면 스스로를 믿을 수 있다

수많은 자기계발서에서 공통적으로 하는 말이 있다. 성공하려면 먼저 그 일을 하는 자기 자신을 믿어야 한다는 말이다. 이를 '자기 확신'이라고 하는데, 자신을 믿는 정도야 쉬운 일 같지만 의외로 확고한 자기 확신을 가진 사람은 많지 않다.

사회 심리 이론 중 '더닝 크루거 효과'라는 게 있다. 능력이 없는 사람은 자신의 오류를 알지 못하기 때문에 스스로를 과대평가하는 경향이 있고, 오히려 능력이 있는 사람은 지나치게 신중해 자기 자신의 실력을 과소평가하는 경향이 있다는 것이다. 능력 없는 사람의 '근자감'도 위험하지만, 자기 확신이 부족한 것도 큰 걸림돌이다. 과도한 신중함 때문에 제

때 판단을 내리지 못하고 기회를 놓치는 것이다. 특히 사업하는 사람이라면 자기 확신이 무엇보다 중요하다. 즉각적인 판단이 필요한 사업에서 그 시기를 놓치는 것만큼 치명적인 실수는 없기 때문이다.

그렇다면 어떻게 자기 확신을 가질 수 있을까. 자기 확신을 가지는 가장 확실하고도 간단한 방법은 실력을 키우는 것이다. 어느 정도 능력이 있는 사람은 자신에게 능력이 있다는 사실을 알기는 하지만, 완벽하지 않다는 것도 알기 때문에 확신이 떨어지는 것이다. 그렇다면 허점이 보이지 않을 때까지 실력을 키우면 되지 않을까?

나는 떡볶이 명인이 되겠다는 꿈을 꾸기 시작한 후 떡볶이에 관한 모든 것을 배우고 익히려고 노력했다. 즉 자기 확신이 생길 때까지 실력을 키우려고 한 것이다. 전국의 떡볶이 맛집을 돌아다니며 시장 조사를 했고, 그 성공 요인을 분석했다. 가장 맛있는 떡볶이를 만들기 위해 연구했으며, 떡볶이의 재료가 되는 식자재를 하나하나 직접 찾아다녔다.

이런 과정을 통해 나는 스스로를 우리나라 최고의 떡볶이 전문가라고 말할 수 있을 정도로 성장할 수 있었다. 그 시간들이 고스란히 자기 확신으로 되돌아온 것이다. 나는 이러한 자기 확신을 바탕으로 과감히 도전할 수 있는 용기를 갖게 되었다. 기억하라. 실력이 있으면 스스로를 믿을 수 있다.

Part 3

그냥 좋아하던 것이
업이 되기까지

내가 무작정 푸드 트럭을 만들었을 때

사람들은 내가 회사를 그만둘 때와

비슷한 걱정과 염려를 했다.

심지어 미쳤냐는 소리까지 했다.

맞다.

나는 진짜 떡볶이에 미쳤다.

나는 이런 미친 생각들이 세상을 바꾸기도 한다고 믿는다.

무모한 도전이
현실이 되는 순간

퇴사를 한 후 나는 서울에서 요리 학원을 다니며 진심을 다해 공부했다. 하루에 두 곳의 요리 학원을 다녀야 했기에 아침 일찍부터 움직였다. 이른 아침 딸아이를 어린이집에 맡기고 아내는 회사로, 나는 요리학원으로 향했다.

아내와 나는 신혼집이 있는 성남에서 마을버스를 타고 이동한 뒤 다시 지하철을 이용했는데, 마을버스는 동네를 한 바퀴 돌아 지하철역까지 가는 사이 성남 중앙시장을 지나간다. 그곳을 지나칠 때면 늘 창밖으로 수제 어묵을 파는 매장이 눈에 들어왔다. 어육 반죽을 작대기로 넓게 펴 '핫바' 모양처럼 만들어 튀겨 파는 어묵집이었다. 그곳은 늘 사람들로 북적거렸고 특히 아이들이 이 핫바 모양의 어묵을 많이 사먹는 곳이기도 했다. 하지만 버스가 수시로 통행하는 길가에 있는 점포다 보니 먼지와 이물질이 들어가지 않을까 지나칠 때마다 항상 신경이 쓰였다.

그때 문득 삼진어묵의 클린룸과 처음 경험했던 고급스러운 어묵 맛이 떠올랐다. 나는 곧바로 버스에서 내려 다시 집으로 향했다. 그리고 떡모닝을 타고 부산의 삼진어묵으로 향했다.

박 대표와 회장님을 만나 뵙고 성남 시장에서 팔고 있는 어묵 핫바 이야기를 했다. 삼진어묵이라면 위생적이고 깨끗한 환경에서 더 고급스럽고 맛있는 어묵 핫바를 만들 수 있을 거라고 생각했다. 나의 이야기를 흥미롭게 들어주신 회장님은 흔쾌히 어묵 핫바를 만들어주시겠노라 약속하셨다. 자본도 없고 영업 능력도 없이 흥분된 마음에서 시작된 어묵 핫바 이야기가 현실로 이루어지는 순간이었다. 회장님의 승낙 이유는 단 하나, 나의 열정에 감동했다는 것이었다.

그날 이후 나는 몇 달 동안 일주일에 두세 번씩 부산으로 내려갔다. 삼진어묵에서 30년 이상 근무하신 어묵 장인들이 레시피와 모양을 잡아주셨다. 최고급 어육을 사용해 다양한 맛의 어묵 핫바를 만들었다. 야채와 어육을 배합한 야채바, 오징어 살이 들어간 해물바, 떡볶이 양념이 들어간 매콤바, 청양고추를 넣은 땡초바, 통새우를 넣은 새우바, 날치 알을 넣어 톡톡 터지는 날치바, 모차렐라 치즈를 넣은 치즈바까지 총 일곱 가지의 제품을 '떡볶이의 모든 것' 카페의 이름을 따 '떡모바'라는 제품으로 출시했다.

몇 개월 동안 어묵 장인들과 함께 만들어낸 떡모바의 맛은 기가 막혔다. 우리가 평소에 접해보지 못한 탄력과 고급스러운 어묵의 맛이 환상적이었다. 특히 '젤리 강도'가 최상이었다. 젤리 강도는 압력을 가했을 때 다시 원상태로 유지하는 탄성을 말한다. 어묵이 이 정도로 탄력이 좋으려면 고급 어종의 어육이 들어가야만 가능했다. 떡모바는 어묵으로 만들어낼 수 있는 최고의 품질이었다.

떡모바의 탄생

드디어 떡모바가 완성되자 이번에는 판매가 문제였다. 당시만 해도 삼진어묵 쇼핑몰은 지금처럼 활성화되어 있지 않아서 그 쇼핑몰을 이용한 판매는 큰 의미가 없었다. 가장 먼저 떡모 카페 회원들을 상대로 이벤트를 진행했다. 삼진어묵과 콜라보로 탄생한 떡모바의 솔직한 후기를 듣고 싶었다. 예상대로 떡모바의 품질은 떡모 회원들로부터 좋은 평가를 받았다.

떡모 회원들은 기본적으로 떡볶이에 진심인 분들이 많았고, 그만큼 떡볶이 사진도 잘 찍었다. 그래서 회원들이 찍은 떡모바 사진들을 취합해 홍보용으로 사용하기로 했다. 그런데 멋진 사진들이 아주 많긴 했지만 상품페이지로 사용하기에는 약간의 부족함이 있었다.

나는 인터넷을 통해 음식 전문 사진을 찍는 업체를 찾았다. 며칠 동안의 검색 끝에 내가 원하는 느낌의 사진을 찍는 곳을 찾아냈다. 경기도 분당에 위치한 '토라이리퍼블릭'이라는 스튜디오였다. 견적서를 받아보았으나 촬영비가 너무 부담스러웠다. 당시 나의 전 재산과 맞먹는 금액이었다. 제품 사진 몇 장 찍는 데에 나의 전 재산을 투자할 것인지 말 것인지, 며칠 동안 고민한 끝에 나는 결국 전문 업체에서 사진을 찍기로 결심했다. 온라인 판매를 계획했던 나로서는 한 장의 사진만으로도 떡모바 제품의 품질과 맛을 충분히 표현하고 싶은 마음이 간절했기 때문이다.

촬영 예약을 하고 제품을 준비해 스튜디오로 향했다. 스튜디오 앞에 도착한 나는 다시 한번 고민했다. 나의 전 재산을 투자해 찍는 사진인데, 스튜디오가 영 부실해보여서인지 크게 신뢰가 생기지 않았다. 혹시 사기를 당하는 건 아니겠지 하는 의심까지 들었다.

하지만 스튜디오 관계자들과 충분히 상담을 하고 나자 내가 가졌던 염려와 걱정이 눈 녹듯 사라졌다. 사진을 한 장 한 장 찍어나갈 때마다 그들에 대한 신뢰는 더욱 커졌다. 나의 괜한 선입견이 쓸데없는 불신과 불안을 만들었던 것이다. 나는 전적으로 그들을 믿고 사진 작업을 맡기기로 마음먹었다.

내가 담고 싶었던 맛과 향, 느낌, 콘셉트 그리고 더 나아
가 이야기가 담긴 사진이 드디어 완성되었다. 결과물은 무
척이나 감동적이었다. 나는 스튜디오 대표님과 부대표님을
통해 자신만이 가지고 있는 색깔과 능력을 제대로 표현할
수 있다면 그 자체만으로도 멋진 일이라는 것을 배우게 되
었다. 그렇게 해서 스튜디오 김 대표님과 나는 친구가 되었
고, 지금까지 우리는 꾸준히 함께 성장하고 있다.

<큰맘 먹고 전문 포토그래퍼에게 의뢰한 '떡모바'의 사진>

떡모바의 사진도 완성되었고 이제 판매 준비를 모두 마쳤다. 나는 떡모바를 들고 국내에 막 활성화되기 시작한 소셜커머스의 MD들을 만나러 다니기 시작했다. 대표적인 세 곳을 선정해 집중 공략하기로 한 것이다. 당시 판매자에게 MD는 하늘과 같은 존재였다. 각자 맡은 제품의 판매 수익에 따라 인센티브를 가져가는 방식이었기에 MD들은 더 좋은 제품을 찾는 데에 혈안이 되어 있었고, 변변치 않은 제품으로는 그들을 만나는 것조차 쉽지 않았다. 나 역시 수없이 연락을 하고 몇 번을 찾아가서야 드디어 그들을 만날 수 있었다. 나는 떡모바와 나의 열정을 나름 멋지게 브리핑했다.

드디어 떡모바가 처음으로 온라인 판매를 시작한 그날을 나는 잊지 못한다. 3만 명의 떡모 카페 회원들을 대상으로 이벤트를 진행해 떡모바의 품질을 이미 인정받았던 터라 그분들의 적극적인 구매가 이어졌다. 회원들의 도움에 힘입어 떡모바의 판매량이 상승했고, 그 결과 자연스럽게 상위 노출로 향했다.

상위 노출은 더 큰 판매의 원동력이 되었고, 떡모바 10만

개를 판매하는 데에 그리 오랜 시간이 걸리지 않았다. 나는 소셜커머스에서 떡모바를 판매했고, 나를 믿고 지원해준 삼진어묵은 생산과 배송까지 책임져주셨다. 그 결과 떡모바는 세 곳의 대표 소셜커머스에서 랭킹 안에 드는 인기 상품으로 성공적인 첫 사업 성과를 이루어냈다.

어두운 길에 빛이 되어준 조력자들

그런데 모든 일을 집에서 처리하다 보니 작은 사무실이라도 하나 있었으면 하는 아쉬움이 컸다. 하지만 돈이 없었다. 그런 내 사정을 헤아리신 삼진어묵 회장님께서 서울 송파구에 있는 가든파이브 건물에 7평짜리 사무실을 얻을 수 있도록 보증금을 지원해주셨다.

나는 그곳에서 '떡볶이의 모든 것'이라는 이름으로 온라인 판매와 창업 컨설팅, 식자재 유통 등의 사업자 등록을 하고 첫 사업을 시작했다. 그리고 삼진어묵 서울 사무실이라는 명판도 함께 걸었다.

사업자 등록을 한 뒤 우리 사무실에 찾아온 첫 손님은 떡볶이 경연대회를 총괄했던 '올떡'의 전략기획본부장이신 남승우 본부장님이었다. 경연대회 이후로도 나는 올떡의 사외 고문으로 활동하면서 남 본부장님과 올떡 프리미엄을 함께 진행했었다.

남 본부장님은 나와는 전혀 다른 성격을 가지고 계셨다. 늘 현실적이고 냉철하며, 어떤 사안을 바라보는 데에 있어서 원리원칙주의자였다. 처음에는 나와는 절대 친해질 수 없는 사람이라고 생각한 적도 있었다. 그런 분이 내 소식을 듣고 화분 선물까지 들고 축하와 격려의 박수를 전하러 오신 것이다.

그 후 몇 달 지나지 않아 남 본부장님은 퇴사해 유통회사를 만드셨는데, 나에게 한 가지 제안을 해왔다. '떡볶이의 모든 것' 카페를 기반으로 자본이 없거나 능력이 부족한 창업자들에게 '프랜차이즈'가 아닌 '프랜차이즈의 시스템'을 지원해보는 것이 어떻겠느냐고 했다. 나는 컨설팅과 영업을 하고 남 본부장님은 품질 좋은 원자재를 납품하겠다는 것이

그냥 좋아하던 것이 업이 되기까지

었다. 나는 주저 없이 제안을 받아들였다.

나와 전혀 다른 성격을 가진 남 본부장님과의 의기투합은 의외의 결과를 낳았다. 서로 성격이 완전 다르고 각자 맡은 역할이 명확하다 보니 우리의 조합은 오히려 더 큰 시너지를 냈다. 어른들이 그래서 늘 사람의 인연은 언제 어떻게 될지 모른다고 말씀하셨나보다. 남 본부장님과 내가 파트너가 되어 원 팀으로 일하게 될 줄은 꿈에도 생각하지 못한 일이었다. 7평짜리 작은 사무실에서 우리는 예상보다 튼실하게 사업 기반을 다져나갔다.

언젠가 내가 참 좋아하는 JYP의 박진영 프로듀서가 방송에서 이런 말을 한 적이 있다. 인맥을 쌓아야만 성공할수 있다고 믿는 분들이 많은데, 짧게 보면 그렇다. 하지만길게 보면, 사람은 누구나 이기적이기 때문에 서로 좋을 때는 도움이 되지만 정작 진짜 어려울 때는 큰 도움이 되지않는 경우가 많다고 했다. 인맥이란 끊임없이 자기계발을하고 스스로 발전했을 때 자연스럽게 따라오는 것이라는말이었다.

나는 그의 말에 무한 공감한다. 나는 인맥을 만들기 위해 그들에게 접대를 하거나 환심을 사려고 선물을 하거나 해본 적이 없다. 그저 열심히 나의 일을 했고 누구보다 최선을 다했을 뿐이다. 그런 내 모습에 사람들은 자연스럽게 나를 인정하고 도와주었고, 그것이 쌓여 나의 인맥이 형성된 것이다. 내가 나를 내세우려 애쓰기보다 자연스럽게 남들이 나를 인정해주는 것이 인맥의 시작이자 본질이라고 생각한다.

　늘 열정 없는 김 대리로 살았던 내가 떡볶이로 새로운 인생을 펼칠 수 있었던 것은 모두 나의 열정과 노력을 인정하고 아낌없이 조언과 도움을 전해주신 삼진어묵 회장님과 박 대표님, 음식 사진작가 김 대표님과 송 부대표님, 올떡의 남 본부장님 덕분이다. 그들의 지지가 없었다면 떡볶이를 향한 나의 사랑이 아직도 길을 잃은 채 방황하고 있었을지 모른다.

세상을 바꾸는
미친 생각

'떡볶이의 모든 것' 카페 정모와 번개가 활성화되기 시작했다. 정모는 1년에 두 번이지만 번개는 일주일이 멀다하고 자주 진행했다. 주로 서울에서 많이 진행했으며, 20대부터 60대까지 연령대도 다양했다. 두세 명으로 시작한 번개는 끝날 때쯤이면 열댓 명으로 늘어나 있곤 했다.

우리는 두 발로 걸어 구석구석 정말 많은 떡볶이집을 찾아다녔다. 오후 2시에 청계천에서 만나 대학로를 지나 신당동까지 걸으며 '떡볶이집 부수기'를 한 적도 있다. 대여섯 명이 걸어가다가 눈에 띄는 떡볶이집이 있으면 들어가 1~2인분을 주문해 맛보고 또 이동하고 또 먹고 또 이동하고를 반복하다가 새벽 2시가 되어서야 헤어지는 경우도 많았다. 다들 어찌나 떡볶이를 좋아하는지 일주일에 두어 번씩이나 번개를 해도 매번 떡볶이를 정말 맛있게 먹었다. 그리고 대개가 떡볶이의 맛과 스타일을 분명하게 표현할 줄 아는 능력을 갖추고 있었다.

한번은 떡볶이 번개를 하던 중에 우연히 연예인 이야기가 나왔다. 그때 회원 중 한 분인 '해맑은써니' 님이 자신이 김현중 배우 팬이라면서 그가 떡볶이를 너무 좋아하는데 떡볶이 동호회 회원으로서 한번 맘껏 먹여주면 좋겠다는 농담을 했다. 그냥 웃어넘기며 지나칠 수도 있는 이야기였는데, 나에게는 왠지 모를 의무감으로 다가왔다. 떡볶이 동호회 회장으로서 일종의 사명감 같은 것이었을까.

그때부터 어떻게 하면 김현중 배우에게 떡볶이를 전해줄 수 있을지 고민했다. 당연히 맛있는 떡볶이집에서 포장을 해 가져다주면 간단한 일일 수도 있었다. 하지만 그것은 떡볶이 동호회 회장으로서 성에 차지 않는 방법이었다. 그렇다고 김현중 배우를 떡볶이집으로 초대하는 건 말도 안 되는 일이었다.

집 근처를 걷다가 우연히 떡볶이를 파는 스낵카를 마주하게 되었다. 포장마차는 아니었고 작은 트럭 위에서 한 아주머니가 떡볶이를 팔고 있었다. 그걸 보는 순간, 저런 트럭을 몰고 가서 김현중 배우에게 직접 떡볶이를 만들어주면 참 재미있을 것 같다는 생각이 들었다. 나는 결국 트럭을 구입하기로 결정했다. 떡볶이를 먹으러 갔다가 떡볶이 트럭을 사온 것이다.

처음 운전해본 수동 트럭은 정말 형편없었다. 떡모닝보다 좁은 공간에 온갖 떡볶이 만드는 시설까지 갖추자 주행력도 몹시 떨어졌다. 다음 날 나는 덜덜 거리는 트럭에 실린 떡볶이 조리대를 최대한 가볍고 효율적으로 재조립했다. 그리고 차량 랩핑 업체를 찾아가 '떡볶이의 모든 것' 이미지와 '떡모 푸드 트럭'이라는 문구를 넣은 디자인으로 트럭을 꾸몄다.

<최초의 떡모 푸드 트럭이 탄생한 순간>

차량 랩핑 업체는 큰 버스에 기업 광고나 홍보를 위한 랩핑을 하는 게 일반적이었지 푸드 트럭에 랩핑을 해본 것은 처음이라고 했다. 당시만 해도 우리나라에는 포장마차와 스낵카는 있었지만 푸드 트럭이라는 문화가 존재하지 않았던 때다.

나의 행동은 무모하고 무식했다. 남들이 생각하고 고민하는 사이에 나는 곧바로 실행에 옮겼다. 어쩌면 그런 추진력이 나를 나아가게 하는 가장 큰 원동력인지도 모른다. 시작이 절반이라는 말처럼 나에게는 언제 어디서든 주저하지 않고 자신 있게 시작할 용기가 준비되어 있었다. 떡볶이에 인생을 건 나로서는 떡볶이에 관한 일이라면 더더욱 주저할 이유가 없었다.

그렇게 노란색 디자인으로 랩핑한 귀여운 떡모 푸드 트럭이 완성되었다. 하지만 실제 이 푸드 트럭에서 많은 양의 떡볶이를 만들 수 있을지 테스트가 필요했다. 나는 아무도 없는 원주로 내려가 혼자 떡볶이와 어묵 만들기를 연습했다. 그리고 때마침 충주에서 열리는 캠핑 축제에 참여해 사람들에게 무료로 떡볶이를 나눠주는 행사를 진행했다.

그렇게 모든 테스트를 마친 떡모 푸드 트럭은 내 사무실이 있는 건물 지하에 주차된 채 3개월 동안 김현중 배우가 작품 활동을 시작하기만을 기다리고 있었다.

매일 출근할 때마다 주차장에 세워져 있는 떡모 푸드 트럭을 청소하고, 조리 시스템을 보강하면서 슬슬 이 차가 애물단지가 되는 것은 아닌지 불안한 마음이 들기도 했다. 그렇다고 포기할 수는 없었다. 일단 저지른 일이니 분명 방법이 있을 거라고 생각했다.

우선 떡볶이가 필요한 곳이면 어디든 떡모 푸드 트럭을 몰고 가 떡볶이를 만들어주어야겠다고 생각했다. 요즘처럼 SNS(사회관계망 서비스)가 활성화되어 있었다면 좀 더 다양한 방식으로 홍보를 했을 텐데, 그 당시 내가 할 수 있는 것은 내 블로그에 '떡볶이 푸드 트럭이 있습니다'라고 알리는 방법밖에 없었다. 나는 하루도 거르지 않고 떡모 푸드 트럭을 홍보했다.

촬영장에 푸드 트럭이 떴다!

3개월째 되는 날 드디어 연락이 왔다. 나에게도 기회가 찾아온 것이다. 2013년 6월 20일, 배수지 배우 팬클럽인 '배치미' 회원들이 우연히 내 블로그를 보고 연락을 주었다. 처음으로 시도해보는 실험적인 팬클럽 떡볶이 서포트였다. 드라마 〈구가의 서〉라는 작품에 출연하는 배수지 배우님을 위한 팬들의 선물이었다.

나는 정말 나의 스타를 위한 일인 것처럼 최선을 다해 준비했다. 어묵도 부산 삼진어묵에서 택배로 받고, 떡도 당일에 뽑은 말랑말랑한 생떡으로 준비했다. 혼자서 이미 여러 차례 연습해봤기 때문에 큰 걱정은 없었지만 그래도 원활한 진행을 위해 떡모 카페 회원들에게 이 소식을 전하고 일손을 도와줄 분들을 모집했다. 떡모 푸드 트럭을 만들 수 있게 동기부여를 해준 '해맑은써니' 님을 포함해 열 명의 떡모 회원들이 함께 일손을 도와주기로 했다.

드디어 당일, 떡볶이 동호회 회원들과 함께 〈구가의 서〉 촬영장인 용인 드라마 촬영장으로 향했다. 태어나 처음 가본 드라마 촬영장은 모든 것이 낯설었다. 처음으로 떡모 푸드 트럭을 출동시켜준 배치미 팬클럽 회원들과 함께 촬영장으로 향했다.

6월이었지만 그곳의 밤은 상당히 추웠다. 처음 보는 드라마 촬영장도 신기했고, 그렇게 가까이에서 연기자들이 연기하는 모습을 보는 것도 처음이었다. 그냥 그곳에 있는 자체만으로도 너무 설레고 떨렸다. 내 눈앞에 배수지 배우도 있었고, 이승기 배우도 있었다. 잠시 넋을 놓고 바라보던 우리는 얼른 정신을 차리고 급하게 재료 준비를 했다.

꼬치에 어묵을 끼우고 생떡을 하나하나 떼어낸 뒤 떡볶이를 만들기 시작했다. 간식 시간이 밤 10시로 정해져 있어서 그 시간에 맞춰 떡볶이와 어묵, 튀김을 조리했다. 수백 번 머릿속으로 상상하고 시뮬레이션을 했기에 처음으로 푸드 트럭에서 만들어보는 많은 양의 떡볶이였지만 큰 실수는 없었다. 그동안의 숱한 연습들이 드디어 빛을 발하는 순간이었다.

드라마나 영화 촬영은 외부 소리를 줄이기 위해 인적이 드문 곳에서 밤늦게 혹은 새벽까지 매일 이렇게 촬영을 한다고 했다. 추우나 더우나 모든 연기자들과 감독, 스태프들이 하나의 작품을 만들기 위해 열정을 불태우고 있었다. 워낙 인적이 드문 곳이다 보니 밤새 일하는 그들의 허기를 달랠 수 있는 것이라고 해봐야 제작팀에서 준비한 컵라면이나 김밥, 햄버거 등이 전부였다.

밤 10시가 되자 만반의 준비를 갖춘 떡모 푸드 트럭으로 배우들과 스태프들이 몰려오기 시작했다. 꽤나 쌀쌀한 날씨에 매콤한 떡볶이와 따뜻한 어묵 국물과 튀김이 준비되어 있는 것을 보고 사람들이 탄성을 질렀다. 떡모 푸드 트럭이 연기자들과 스태프들의 몸뿐만 아니라 마음까지 녹여주었다.

팬들로부터 이런 선물을 받은 배수지 배우는 팬들은 물론이고 우리와도 아낌없이 사진을 찍어주었고, 다른 배우들도 처음 보는 푸드 트럭이 신기했는지 함께 서로 사진을 찍어주느라 정신이 없었다.

밤 11시가 되어 간식 시간이 끝나고 다시 촬영이 시작되었을 즈음 함께한 팬클럽 회원들과 떡볶이 동호회 회원들을 모두 집으로 돌려보내고 나만 그곳에 남기로 했다. 준비한 식재료를 모두 소비해야 하기도 했지만 추운 날씨에 고생하는 스태프들에게 더 많은 간식을 제공하고 싶은 마음이 컸다. 촬영을 마친 유동근 배우는 떡모 푸드 트럭에서 꽤 오랜 시간 간식을 드시고 함께 정다운 이야기도 나누셨다. 첫 번째 떡모 푸드 트럭의 서포트는 해가 뜨는 아침이 되어서야 촬영과 함께 종료되었다.

그렇게 해서 떡모 푸드 트럭은 연예인 서포트 분식 차의 시초가 되었고, 이후로 제작팀을 비롯해 여러 제작사에서도 많은 문의가 이어졌다. 현장에서 떡모 푸드 트럭을 직접 경험한 팬들과 스태프들, 그리고 연기자들에 의해 순식간에 소문이 퍼져나갔다. 이 푸드 트럭으로 촬영장의 문화가 바뀌었을 정도였다.

떡모 푸드 트럭은 촬영장에서 부르면 전국 어디가 되었든 주저없이 찾아갔다. 작은 트럭으로는 도저히 감당하기 힘들 정도로 많은 곳을 다녔다. 트럭에 재료를 가득 싣고 전국을 돌다 보면 온몸이 부서질 듯 아프고 피곤했지만 정신은 오히려 더 맑아지는 기분이었다.

진심을 전달하는 이벤트

드디어 떡모 푸드 트럭이 김현중 배우가 출연하는 작품의 촬영장에 갈 수 있는 기회가 생겼다. 드라마 〈감격시대〉의 주연으로 출연하는 촬영 현장에 가게 된 것이다. 이천에 위치한 드라마 세트장에 떡모 푸드 트럭이 등장하자 역시 사람들이 환호성을 질렀다. 추운 겨울이다 보니 따뜻한 떡볶이와 어묵은 더더욱 맛있을 수밖에. 드라마의 마지막 촬영은 전라남도 순천에서 진행되었는데, 이때는 스태프들에게 간식을 선물하고 싶다며 김현중 배우가 직접 연락을 해오기도 했다.

연예인이 직접 의뢰를 해온 경우는 영화 〈따라지〉를 촬영하고 있던 한이서 배우가 처음이었다. 지금도 기억이 선명한데, 떡모 푸드 트럭 활동을 시작하고 두세 번 정도 되었을 때 처음으로 연예인에게 직접 문의 전화를 받았다. 소문을 듣고 연락을 했는데 지금 찍고 있는 작품의 촬영 현장에 떡모 푸드 트럭을 선물하고 싶다는 것이었다.

그렇게 해서 처음 가보게 된 영화 촬영장은 드라마 현장과는 또 다른 분위기였다. 드라마는 방송 시간에 쫓겨 뭔가 상당히 분주하고 컷이 빠른 반면, 영화는 시간에 쫓기기보다는 장면의 디테일에 좀 더 집중하는 부분이 많은 것 같았다. 처음으로 연예인이 직접 의뢰해온 경우다 보니 더 설렜고, 그만큼 더 푸짐하고 맛있게 음식을 준비했다.

한이서 배우는 내게 감독님과 스태프들이 소문처럼 떡볶이가 아주 맛있고 분위기도 좋다고 했다면서 이런 좋은 추억을 만들어주어 감사하다는 말을 전했다. 한이서 배우는 촬영을 모두 마친 후 통영 휴가를 떠났는데, 감사의 마음이라며 현지에서 택배로 해산물까지 보내주셨다.

한이서 배우와의 이런 인연을 계기로 나는 본격적인 떡모 푸드 트럭 사업을 시작하기로 결심할 수 있었다. 단순히 떡볶이를 판매하는 푸드 트럭을 운영하는 게 아니라 떡볶이를 통해 감사와 고마움을 전하고자 하는 배우와 팬들의 그 아름다운 마음을 대신 전달하는 역할을 하기로 한 것이다.

떡모 푸드 트럭을 그저 음식만 파는 트럭이 아니라 사람의 진심을 전하는 이벤트로 브랜딩하기 시작했다. 그러고 나자 마음을 전하는 선물이 멋지기까지 하면 더 좋겠다는 생각이 들었다. 그러기 위해서는 포장도 중요했다. 나의 작은 푸드 트럭은 맛있는 떡볶이를 전달할 수는 있었지만 멋이 나지는 않았었다.

나는 멋진 푸드 트럭을 마련할 계획을 세우고 전국을 돌며 나만의 푸드 트럭을 찾아다니기 시작했다. 그리고 드디어 멋진 푸드 트럭을 만들게 되었다.

내가 무작정 푸드 트럭을 만들었을 때 사람들은 내가 회사를 그만둘 때와 비슷한 걱정과 염려를 했다. 심지어 미쳤냐는 소리까지 했다. 맞다. 나는 진짜 떡볶이에 미쳤다. 나는 이런 미친 생각들이 세상을 바꾸기도 한다고 믿는다.

신나게
더욱 신나게

떡모 푸드 트럭 운영은 너무너무 신나는 일이었다. 우선 블랙컨슈머라 불리는 악덕 소비자가 없었다. 푸드 트럭을 요청하는 분들은 누군가에게 선물을 하는 입장에서 그 마음이 잘 전달되어주기를 바라는 마음이다 보니 오히려 맛있는 음식을 푸짐하게 잘 드실 수 있게 준비해달라고 부탁하는 경우가 대부분이다.

또한 선물을 받는 입장에서는 촬영 현장에서의 고단함을 잠시나마 달랠 수 있는 시간이기에 늘 감사한 마음으로 우리를 맞아준다. 떡모 푸드 트럭은 보내는 분에게도 받는 분에게도 감사의 인사를 받는 정말 최고의 사업이었다.

창업을 하든 회사를 다니든 일에 대한 어려움보다 고객과 직장 동료 등 사람에게서 상처를 받을 때가 훨씬 더 힘들다는 것을 우리는 잘 알고 있다. 회사를 그만둘 때도 일이 힘들어서가 아니라 사람과의 갈등 때문인 경우가 대부분이다.

하지만 떡모 푸드 트럭 운영은 일단 사람에 대한 스트레스가 없었다. 그것 하나만큼은 하늘에서 내려준 천상의 직업이었다. 일도 재미있고 흔히 볼 수 없는 연예인들을 매일 만나는 것도 즐거운 경험이었다.

떡모 푸드 트럭이 찾아갈 때마다 연예인들은 선물로 받은 떡볶이를 들고 인증 샷을 찍었고, 각자의 SNS에 그 사진들을 올렸다. 떡볶이 명인을 꿈꾸는 나에게 그것은 또 하나의 기회였다. 대한민국 떡볶이 명인을 넘어 세계적인 떡볶이 1호 명장이 될 수 있는 기회라고 생각했다. 해외 팬들이 스타들이 먹고 있는 떡볶이에 대해 당연히 관심을 갖게 될 터였다.

더 멋진 인증 샷이 나올 수 있도록 푸드 트럭에 예쁜 포
토존도 만들고, 그릇 하나하나도 기성품이 아닌 시즌별로
새롭게 디자인을 해 사용했다. 한 그릇에 2,000원밖에 안 하
는 떡볶이를 담는 그릇을 시즌별로 디자인해 만든다는 게
쉬운 결정은 아니었다.

단가 대비 마진율을 계산하면 출혈이 컸지만 그런 것은
중요하지 않았다. 그만큼 더 많이 팔면 되고 더 유명해지면
된다고 생각했다. 그렇게 해서 자연스럽게 우리의 떡볶이가
세계에 알려지면 나는 한 걸음 더 세계적인 떡볶이 명장에
가까워지는 것이다.

그러자 정말 예상한 것처럼 떡볶이 그릇이 나오도록 인
증 샷을 찍는 분들이 생겨났고, SNS를 통해 한류 문화의 힘
을 받아 한국 스타들을 응원하는 전 세계 팬들의 문의도 이
어지기 시작했다.

한번은 브라질에서 한국 스타를 응원하기 위해 메일로
주문이 온 적도 있었는데, 포르투갈어를 사용하는 브라질에

서 온 메일을 구글 번역기로 해석해가며 어렵게 진행한 기억이 있다. 영국, 태국, 필리핀 등에서도 많은 요청이 있었으며, 중국의 포털 사이트 바이두와 일본에서는 팬들이 직접 한국을 방문해 함께 촬영장으로 서포트를 나간 적도 많다. 그래서 홈페이지에 이용 방법과 메뉴 안내 등을 한글, 일본어, 영어 버전까지 만들어 올리기도 했다.

나를 춤추게 하는 사람들

8년 동안 떡모 푸드 트럭 서포트를 하면서 있었던 일들 중 기억에 남는 순간들은 아주 많다. 드라마나 영화 촬영 현장에 갈 때면 그 작품에 대한 정보와 출연진들에 대해 미리 공부하고 방문했다.

촬영 현장에는 누구나 다 알고 있는 유명한 배우도 있지만 조연이나 이름을 알 수 없는 단역 배우들도 많았다. 유명하든 유명하지 않든 그곳의 모든 분들이 다 소중한 나의 고객이고, 또 푸드 트럭을 선물 받는 주인공이 아니던가. 그들과 진심으로 이야기를 나누려면 작품에 대한 정보나 출연자들에 대해 어느 정도는 알고 있는 게 최소한의 예의라고 생각했다. 그러다 보니 정말 잠을 잘 시간이 없을 만큼 시간을 쪼개 쓸 수밖에 없었다.

그때 가장 재미있게 보고 학습했던 드라마가 〈미생〉이었다. 때마침 〈미생〉의 촬영 현장에 푸드 트럭 예약이 잡혔는데, 마침 아내의 대학교 선배이자 내 친구가 강하늘 배우의 팬클럽 회장이어서 자연스럽게 함께 촬영 현장을 방문했다.

그곳에서 만난 강하늘 배우는 연예인이 맞나 싶을 정도로 서글서글하고 친절했던 기억이 아직도 생생하다. 인기있는 드라마인 만큼 일주일에 네다섯 번 정도 방문하다 보니 자연스럽게 배우들과도 친해지게 되었고, 언제 봐도 편안하게 인사할 수 있는 사이가 되었다.

어떤 드라마든 최선을 다해 만들겠지만 인기가 많은 드라마일수록 관심이 크다 보니 신경이 많이 쓰이는 건 당연했다. 촬영 시간도 길고 이곳저곳 장소를 옮겨 다니며 밤낮

없이 촬영이 진행되었다. 내내 열정과 에너지를 쏟아 부어야 하는 배우들과 스태프들의 고단함이 그대로 전해졌다. 이를 너무도 잘 아는 제작팀은 스태프들과 배우들의 피로를 조금이라도 덜어주기 위해 자주 푸드 트럭을 요청했다.

〈별에서 온 그대〉 촬영 현장에 찾아갔을 때의 그 뜨거운 반응은 잊을 수가 없다. 〈별에서 온 그대〉 촬영 현장에서는 이후로도 계속해서 푸드 트럭을 요청했고, 무려 21회를 방문해 한 작품 당 떡모 푸드 트럭 최다 방문 기록을 가지고 있을 정도다. 거의 촬영 스태프였다고 해도 과언이 아닐 정도였다.

그렇게 수시로 함께하다 보니 밥차도 아닌 분식차를 운영하는 나로서는 고민이 생기지 않을 수 없었다. 매번 떡볶이, 어묵, 튀김, 순대를 준비하기에는 뭔가 부족하다는 판단이 들었다. 아무리 맛있어도 매일 같은 것만 먹는다고 생각해보라. 과연 그 음식이 맛이 있겠는가.

〈별에서 온 그대〉 촬영장에 방문하는 동안 많은 메뉴들을 개발했다. 완전히 새로운 메뉴는 아니었지만 가장 기본이 되는 음식에서 약간의 변형을 주거나 새로운 레시피로 탄생한 메뉴들이었다. 예를 들어 오늘은 매콤한 빨간 떡볶이였다면, 다음에는 소고기가 들어간 궁중떡볶이, 그다음에는 크림이 들어간 로제떡볶이, 그리고 순대를 이용한 순대볶음 등의 메뉴를 개발해 물리지 않도록 다양하게 준비했다.

한번은 부산 출장 중이었는데, 〈별에서 온 그대〉 팀에서 급하게 연락이 왔다. 당장 그날 밤 야식으로 간식차를 외뢰한 것이다. 나는 바로 삼진어묵 공장으로 찾아가 생산되는 고급 어묵들을 쓸어 담아 차에 싣고 바로 서울로 올라와 그날의 메뉴를 준비했다.

그동안 부산의 고급 어묵 맛을 보지 못한 촬영 스태프들에게 여러 가지 고급 어묵을 넣은 '별에서 온 우동'이라는 메뉴를 만들어 선보였다. 그날 추락하는 신을 찍고 온 전지현 배우는 '별에서 온 우동' 한 그릇을 다 드시고 리필을 요청했다. "원래 이렇게 많이 안 먹는데 너무 맛있어서 더 먹을 수밖에 없다"며 웃으셨다.

내가 만든 음식을 그렇게 맛있게 먹어주는 사람들이 있다는 것, 거기서 얻는 보람과 희열은 경험해보지 않은 사람은 알기 어려운 기쁨이자 행복이다. 열정 가득한 촬영 현장에서 나는 더 신나게 떡볶이를 만들고, 어묵탕을 끓이고, 우동을 말았다.

새로운 문화를
만들다

푸드 트럭의 역조공이 시작된 것은 2013년 10월 13일 티아라 컴백 기념 때였다. 그 전까지는 팬들이 연예인에게 분식차를 선물한 적은 있지만 연예인들이 팬들을 위해 푸드 트럭으로 감사의 마음을 전한 적은 없었다.

토요일 어느 날 인천에서 사회인 야구 동호회의 의뢰로 떡볶이와 어묵 나눔을 하고 있는데, 소속사 마케팅 담당자로부터 전화가 왔다. 한번도 해본 적은 없지만 그동안 티아라를 사랑해주신 팬들을 위해 떡볶이와 어묵을 나눠주는 행사를 한번 해보고 싶다는 내용이었다. 세상에 안 되는 게 어디 있겠는가. 나는 무조건 해보겠노라 답변을 하고 짧은 시간에 300명의 팬들에게 음식을 나눠줄 수 있도록 만만의 준비를 했다.

그렇게 시작된 역조공은 티아라 멤버들이 함께 열심히 떡볶이를 나눠준 덕에 성공적으로 끝이 났다. 그것은 정말 새로운 경험이었고, 이후로도 무척이나 많은 아이돌들이 역조공을 의뢰했다. 드라마와 영화 촬영장은 물론이고 음악 방송을 하는 여의도와 일산의 방송국 역시 떡모 푸드 트럭의 활동 장소가 되었다. 그렇게 푸드 트럭의 새로운 문화가 시작되었다.

2015년 11월 29일, 굿바이 무대를 마친 트와이스의 역조공도 기억에 남는다. 멤버들이 직접 떡볶이를 담아 팬들에게 하나하나 전달하고 함께 이야기를 나누기도 했는데, 그때의 추억은 『Who? K-pop TWICE』라는 책에 실리기도 했다.

윤정희 배우의 팬클럽과는 신기할 정도로 친해지게 되

었는데, 배우의 영향을 받았는지 모두가 무척이나 순하고 착한 분들이었다. 그들은 매분기마다 경기도 양주에 있는 한국보육원에서 봉사활동을 한다고 했다. 나도 그 봉사활동에 참여하게 되었는데, 처음 몇 번은 일정 금액을 받고 함께 했다가 보육원 학생들과 친해진 뒤로는 나뿐만 아니라 푸드 트럭을 하는 사장님들과 함께 자원봉사를 이어갔다. 그때마다 윤정희 배우는 바쁜 스케줄임에도 불구하고 우리와 함께 했다.

떡볶이와 디저트의 콜라보

떡모 푸드 트럭은 분식차다. 주 메뉴가 떡볶이, 어묵, 순대, 튀김이다. 포만감이 뛰어나서 식사 대용으로도 충분하지만 여전히 간식 개념에 더 가깝다. 지금까지 분식차로도 잘해 왔지만 나는 더 새로워지고 싶었고 더 잘하고 싶었다. 맛있는 분식만으로 촬영 현장에 활기를 불어넣기에는 뭔가 아쉬움이 있었다.

그때 마침 사무실로 두 명의 젊은 남성들이 찾아왔다. 추로스를 만들어 판매하는 '츄로킹'이라는 푸드 트럭을 운영하는 사람들인데, 이곳저곳을 돌아다니며 노상에서 장사를 한다고 했다. 때마침 떡모 푸드 트럭이 있다는 소문을 듣고 한 가지 제안을 하려고 찾아왔다고 했다. 자신들이 추로스와 커피를 준비할 테니 우리와 함께 콜라보로 촬영장에 나가는 것이 어떻겠냐는 것이었다. 말하자면 분식과 디저트까지 세트로 구성된 세트 상품이었다.

나 또한 분식만으로는 뭔가 아쉬움을 느끼던 차였고, 그 아쉬움을 추로스와 커피 디저트로 채우면 정말 좋을 것 같다는 생각이 들었다. 우리는 콜라보를 진행하기로 했다. 서로의 이야기에 공감하며 한참 대화를 나누다 보니 두 사람은 나와 같은 학교를 나온 후배이기도 했다. 넓은 서울에서 시골 학교의 후배를 만나다니, 그 또한 큰 인연이라는 생각이 들었다.

츄로킹은 나보다 푸드 트럭을 더 일찍 시작했고 길거리에서의 장사 경험도 많았지만 촬영장에서의 경험은 없었다.

그때만 해도 추로스는 놀이동산에나 가야 먹는 간식이었다. 그래서 나는 먼저 그들에게 한 달 동안 내가 가는 현장에 무료로 추로스와 커피를 지원해달라고 제안했다. 매콤한 떡볶이를 먹고 난 뒤 달달한 추로스와 커피로 마무리하는 것을 고객들에게 보여주자는 의도에서였다.

아무리 좋은 제품이라도 결국 고객들이 알지 못하면 아무 의미가 없었다. 대놓고 '좋은 제품이 있습니다'라고 홍보하기보다는 미리 경험하게 한 뒤 홍보를 하는 것이 나의 전략이었다. '팔 것'을 홍보하는 것보다는 '판 것'을 홍보하는 쪽이 고객들에게 좀 더 직설적으로 다가갈 수 있는 방법이라고 생각했다. 다행히 나를 믿어준 후배들은 흔쾌히 승낙했고, 그때부터 우리는 분식과 디저트까지 겸한 완성형으로 연예인 서포트를 하게 되었다.

생각보다 반응은 일찍 찾아왔다. 냉동 제품이 아니라 현장에서 직접 반죽을 해 튀겨낸 추로스는 인기가 대단했다. 배우 이순재 선생님께서 특히 이 추로스를 상당히 좋아하셨는데, 종종 "달달한 긴 막대기 가져와라~"라고 말씀하실 정도였다.

　연예인 서포트가 활성화되면서 이전부터 커피차로 활동하던 분들과 신생 업체들과의 만남이 이루어져 총 일곱 대의 푸드 트럭이 함께 움직이게 되었다. 이제 연예인 전문 푸드 트럭은 '퍼스트 푸드 트럭'이라는 이름으로 국내 전체의 90퍼센트 이상을 진행하게 됐다.

　일곱 대의 푸드 트럭 중 여섯 대가 커피차였고, 분식차는 내가 하는 한 대뿐이었다. 그사이 나를 따라 하는 몇몇의 분식차가 생겨나긴 했지만 찾아주는 곳이 없어서 폐업을 할 정도로 떡모 푸드 트럭은 압도적인 경쟁력을 보유하고 있었다.

왜 푸드 트럭을 하려고 하나요?

연예인 서포트가 점점 활성화되어가면서 커피차의 활동도 활발해졌지만 분식차인 떡모 푸드 트럭은 행복한 고민에 빠졌다. 예약이 빽빽하게 차 있다 보니 취소되는 건수들이 많아졌다. 고민 끝에 나는 떡모 푸드 트럭 가맹점을 만들기로 결심했다. 프랜차이즈 형태이지만 프랜차이즈의 점포 수에 중점을 두지 않고 희소성을 강조해 대한민국 각 도에 한 대씩만 배치하기로 했다.

현실적으로도 전라도 전주에 영화 촬영소가 있는데, 그곳에 한번 다녀오면 서울에서 두 건의 일정을 취소해야 하는 경우가 다반사였다. 한 대당 최대 이동 시간을 2시간 거리 이내로 정하고 각 도별로 한 대씩의 가맹점을 두었다. 서울 본사의 푸드 트럭과 같은 맛, 같은 품질을 유지하기 위해 2주간 본사 푸드 트럭을 통해 현장 분위기와 레시피를 직접 배울 수 있는 시스템을 만들었다. 그렇게 해서 총 여덟 대의 떡모 푸드 트럭이 전국의 모든 영화, 드라마 촬영 현장을 누볐다.

어느 날부터 푸드 트럭이 청년 창업의 기회로 유행처럼 번져나갔다. 푸드 트럭을 제작하는 업체도 갑자기 많이 생겨났고, 제작 업체에서 영업을 통해 푸드 트럭 창업의 기회를 제공하는 기괴한 일도 벌어졌다. 푸드 트럭 창업을 준비하는 사람들에게 떡모 푸드 트럭은 조상이자 신 같은 존재가 되어가고 있었다.

그 여파로 서울시에서 주최하는 푸드 트럭 창업 강연에 초대되어 강연을 하는 기회도 갖게 되었다. 그런데 강연을 들으러 온 사람들을 만나보고 깜짝 놀랐다. 어떤 메뉴를 팔지 생각조차 안 한 사람들이 대부분이었고, 왜 푸드 트럭을 해야 하는지 이유조차 모르는 사람들도 많았다. 그냥 푸드 트럭을 하면 돈 좀 번다는 소문만 듣고 창업을 하기 위해 찾아오는 사람들이 태반이었다.

경험 한번 안 해봐놓고 푸드 트럭에 '연예인 서포트 전문'이라고 써 붙이고 다니는 사람들도 있었다. 일반적으로 길거리에서 푸드 트럭으로 장사를 하는 것과 연예인 서포트를 하는 것에는 엄청난 차이가 있다. 음식을 만드는 레이아웃도 다르고 준비하는 과정도 다르다. 촬영장에서 30분 정도 주어지는 휴식 시간 동안 한 번에 100인분, 200인분의 음식을 최상의 맛을 유지한 상태로 제공할 수 있느냐가 가장 큰 포인트였다.

거리의 푸드 트럭에서 음식을 파는 것과는 당연히 시스템이 다를 수밖에 없다. 그 차이를 간과한 채 무턱대고 연예인 서포트를 진행했다가 소리 소문 없이 사라져버리는 푸드 트럭들도 정말 많았다. 더군다나 팬들이나 배우들이 고생하는 스태프들을 위해 선물하는 자리에서 실수는 용납되지 않았다. 단 한 번의 기회를 잃게 되면 소문이 금방 퍼져나가 다시는 기회가 주어지지 않는다. 나 또한 많은 실수를 거듭하며 완성된 모델이었지만 운 좋게도 내가 시작할 당시에는 경쟁자도 없었고, 푸드 트럭 문화 자체가 신기한 이벤트여서 웬만한 것들은 이해되고 용서되던 때였다.

청년 창업 기회로 시도된 푸드 트럭은 서울시에서 주최하는 밤도깨비 야시장을 만들었고 그 인기는 2년간 지속되었다. 하지만 무분별하게 생겨난 많은 푸드 트럭들이 이내 자취를 감추었다.

창업을 계획한다면 적어도 내가 무엇을 팔고, 어떤 것을 해야 하며, 왜 그것을 해야만 하는지 정도는 알아야 한다. 그저 지금 유행하니까, 돈을 많이 번다고 하니까라는 이유로 창업을 시작하는 것은 바보짓이다. 왜(Why) 창업을 하며, 어떻게(HOW) 할 것이며, 무엇을(What) 해야 하는지를 충분히 생각하고 경험하고 학습한 뒤 창업해도 절대 늦지 않는다.

두끼 비기닝,
그 서막

나의 직업은 떡볶이 컨설팅 엔지니어다. 7평짜리 나의 작은 사무실에서는 다양한 일들이 이루어졌다. 삼진어묵 서울 지사는 물론이고, '떡볶이의 모든 것'이라는 이름으로 떡볶이 창업 컨설팅 및 식자재 유통, 온라인 판매 그리고 떡모 푸드 트럭 본사 사무실까지 겸하고 있었다.

사업자를 내고 사무실을 오픈한 지 몇 달 지나지 않아 '올떡'의 남 본부장님이 회사를 퇴사하고 '비앤에스'라는 회사를 만들어 나와 함께 떡볶이 창업 컨설팅 사업에 합류

했다. 우리는 그동안 떡볶이 동호회와 떡볶이 페스티벌 등 다양한 떡볶이 활동을 통해 만난 인맥을 활용해 떡볶이집을 창업하는 분들께 상권과 입지에 맞는 전문가들을 소개시켜 창업자가 좀 더 수월하게 일을 진행할 수 있도록 도와주는 역할을 했다.

수많은 떡볶이를 경험한 터라 어느 지역 어느 상권에 떡볶이 매장을 오픈하고 싶다고 연락이 오면 그 상권의 떡볶이 타깃을 확인하고 그에 따른 컨설팅을 해주었다. 떡볶이 타깃이 중고등학생인지 대학생인지, 아니면 입지가 주택가인지 직장인인지에 따라 떡볶이의 형태도 달라지고, 가격과 메뉴 또한 어떤 것이 더 효율적인지를 따져봐야 한다.

내가 경험한 다양한 떡볶이 활동을 바탕으로 떡볶이에 관한 정보를 제공하고, 또 창업에 필요한 부분들은 전문적인 컨설턴트의 도움을 받을 수 있도록 도와주는 역할이었다. 창업 컨설턴트 비용은 무료였고, 떡볶이 동호회를 통해서만 창업 컨설턴트를 받을 수 있는 기회를 제공했다. 떡볶이 동호회를 통해 무료 창업 컨설팅을 받아 창업한 매장에서 사용하는 주요 식자재는 남 대표님이 맡아주셨다.

어느 날 사무실로 한 분이 찾아오셨다. 그는 단도직입적으로 떡볶이 사업의 방향성과 컨설팅을 부탁하러 왔다고 말했다. 떡볶이는 아니지만 카페와 식당 등 다양한 외식 사업을 두루 경험한 분이었다. 다만 외식 사업을 운영하면서 한 가지 의문점이 들었다고 했다. 왜 백화점이나 쇼핑몰에는 떡볶이 매장이 없을까? 떡볶이는 한국인에게 대단히 친숙한 음식인데 백화점이나 쇼핑몰에는 입점한 업체가 거의 없다며, 떡볶이의 틈새시장을 공략하고 싶다고 했다. 일반적으로 고급 상권으로 인식되는 백화점에도 다른 콘셉트의 떡볶이가 통할 수 있다고 생각했던 것이다.

백화점에 어울릴 만한 떡볶이 매장 모델을 잘 만든다면 충분히 가능성이 있을 것으로 판단해 쇼핑몰 7층에 있는 햄버거 매장을 떡볶이 매장으로 바꾸는 작업을 시작했다고 했다. 몇 달째 떡볶이에 대한 공부도 하고 TF(Task Force) 팀을 꾸려 사업성과 모델을 구축해 '분식공작소'라는 이름으로 떡볶이 브랜드를 만들고 있는데 쉽지 않다고 했다.

그러다가 어느 날 교회 장로님께 고민을 털어놓았더니

"그럼 떡볶이에 가장 미친 사람을 찾아가서 한번 조언을 받아보는 게 어떻겠습니까?"라고 하셨고, 그는 곧바로 떡볶이에 미친 사람을 찾아봤는데 인연인지 우연인지 그 미친 사람의 사무실이 같은 건물 8층에 있더라는 것이었다.

그렇게 해서 사무실을 찾아오신 그분과 우리는 떡볶이에 대한 시장 현황과 떡볶이의 가능성 등 많은 이야기를 나눈 끝에 즉석떡볶이 매장을 하는 것으로 컨설팅을 진행했다. 이후로도 많은 떡볶이 창업자들을 위해 우리는 최선을 다했다. 그렇게 2년 가까이 떡볶이 창업 컨설팅과 식자재 유통은 순조롭게 진행되었다.

두끼 프랜차이즈, 도약과 성장의 순간들

프랜차이즈 경험이 많은 남 대표님은 이렇게 좋은 시스템으로 우리도 우리만의 브랜드를 만들어보자는 의견을 내게 자주 건네셨다. 치킨 매장부터 다양한 메뉴의 브랜드까지 제안하셨지만 나는 당시 하고 있는 일들만으로도 충분히 바빴기 때문에 더 이상 무언가를 할 수 있는 여력이 없어서 늘 거절하곤 했다.

그러던 어느 날 남 대표님이 그럼 우리가 직접 떡볶이 브랜드를 만들어보는 게 어떻겠느냐고 하셨다. 다른 것은 몰라도 떡볶이 브랜드를 만들어보자는 의견만큼은 거절할 수가 없었다.

우리는 떡볶이의 시장성과 콘셉트 등을 고민했고, 결국 엔 뷔페 형식의 무한 리필 떡볶이집이면서 떡볶이와 밥도 먹을 수 있는 즉석떡볶이로 아이템을 결정했다. 떡볶이를 중심으로 하되 해외에도 먹힐 수 있는 아이템이라고 생각했기 때문이다. 우리는 늘 내가 해외에 떡볶이를 알릴 수 있다면 어떤 형태가 좋을지 고민하던 부분과 일치하는 시스템을 구축해나갔다.

며칠 동안 수많은 브랜드 이름을 고민하던 중 전화 통화로 남 대표님이 "두끼 어때요?"라고 말하자마자 나는 "떡볶이로 한 끼, 볶음밥으로 두 끼!"라고 말했다. 그렇게 해서 '두끼'라는 브랜드 이름과 슬로건이 탄생했다.

두끼의 첫 매장은 프랜차이즈 경험이 많은 남 대표님이 발로 뛰며 준비했다. 프랜차이즈 구축부터 운영 시스템까지 그동안 쌓아온 노하우가 모두 발휘되는 순간이었다. 상권 분석, 입지, 전략, 식자재 매입까지 매장 운영에 대한 모든 것을 지휘했다. 나는 두끼의 콘셉트와 디자인적인 부분 그리고 고객을 위한 마케팅 등 브랜드 스토리를 만드는 데에 집중했다.

두끼가 가지고 있는 콘셉트는 고급스러운 대한민국의 떡볶이였다. 그러기 위해서는 가장 먼저 가시적 효과를 위해 고객들이 사용하는 그릇부터 새로워야 했다. 남 대표님과 나는 남대문 그릇 도매 상가를 전부 돌아다녔다. 당시 떡볶이집에서 흔히 사용하던 녹색 멜라민 그릇을 버리고 스테인리스로 된 앞접시와 식기, 떡볶이 냄비 등을 골라 우리만의 차별화를 꾀했다.

2014년 12월, 드디어 고려대학교가 있는 안암동에 두끼 1호 매장을 오픈했다. 우리는 추운 겨울 날씨에도 불구하고 바람이 부나 눈이 오나 밖에 나가 전단지를 돌렸다. 우리의

<즉석떡볶이 프랜차이즈 시작을 알린 두끼 1호점>

그냥 좋아하던 것이 업이 되기까지

목표는 단 하나였다. '어제보다 단돈 1원이라도 더 많이 팔면 된다!' 그렇게 해서 두끼 1호점은 서서히 성장해나갔다.

나는 떡모 푸드 트럭도 함께 운영하고 있었는데 두끼 매장을 홍보하는 데에 시간과 장소를 가리지 않았다. 떡모 푸드 트럭으로 촬영 현장에 나갈 때마다 "저희도 떡볶이 매장이 생겼습니다. 재미있는 콘셉트이니 한번 찾아주세요!"라며 쉬지 않고 두끼를 홍보했다. 특히 작가님들에게 가장 적극적으로 어필했다.

우연인지 평소 친하게 지내던 작가님이 두끼 매장의 콘셉트에 관심을 보였고, 1호점을 오픈하고 3개월 만에 두끼가 tvN의 〈테이스티 로드〉라는 방송에 섭외되어 고려대학교 맛집 편에 나오게 되었다. 그 방송 이후 두끼의 인기는 더욱 높아졌다.

우리는 본격적으로 두끼의 프랜차이즈 사업을 진행할 계획을 세웠다. 고려대학교가 대학교 상권이라면, 이제 쇼핑몰 상권과 주택가 상권에 매장을 오픈해 테스트를 할 계획이었다. 가장 먼저 쇼핑몰 내에서 두끼를 테스트할 곳을 찾아야 했는데 문득 얼마 전 컨설팅을 진행했던 같은 사무실 건물에 계시는 사장님이 떠올랐다. 벌써 떡볶이집을 오픈했으면 어떻게 하지 싶은 마음에 서둘러 연락을 드렸다. 다행이 아직까지 준비 중이었다. 두끼라는 브랜드를 설명하고 1호점에 사장님을 초대했다. 사장님은 본인이 원하는 스타일의 떡볶이 매장도 바로 이런 것이었다며 뜻을 함께하기로 결정했다. 이분이 바로 현재 두끼의 공동대표 박도근 대표님이시다.

떡볶이 전문가인 나와 외식 프랜차이즈 전문가 남 대표님, 회사 경영 전문가 박 대표님, 이렇게 세 사람은 2015년 3월에 '다른 사람이 모여 함께하는 기업'이라는 뜻의 주식회사 '다른'을 설립하고 본격적으로 두끼 프랜차이즈 사업을 시작했다. 우리는 사업 성장을 위해 1년 동안 월급도 없이 회사의 자금을 축적하며 더 큰 도약을 준비했다.

두끼 2호점은 가든파이브 7층에 박 대표님의 매장이 있던 곳에 오픈했다. 계획대로 이번에는 쇼핑몰 상권에 두끼를 테스트할 목적이었다. 두끼 2호점의 인기는 대단했다. 일

매출 500만 원을 훌쩍 넘는 날이 대부분이었고, 기본 웨이팅이 1~2시간 정도였다. 영업을 시작해서 문을 닫는 시간까지 고객들의 방문이 끊이지 않았다.

원칙은
위기도 기회로 바꾼다

두끼가 쇼핑몰 상권에서의 인기를 실감할 때쯤 국가적 재난이 찾아왔다. 2015년 5월에 바레인에서 귀국한 첫 감염자가 메르스(중동호흡기증후군) 확진 판정을 받으면서 대한민국에 메르스가 유입되었다. 메르스의 확산 속도로 인해 국가적으로 방역과 경로 등에 민감하던 시기였다.

하지만 메르스 발병에도 불구하고 국민들이 체감하는 정도는 지금의 코로나19에 비하면 상당히 둔감한 부분도 있었다. 방역수칙이 잘 지켜지지 않았으며, 경로 또한 파악하기 힘들었다. 2015년 6월 19일 금요일, 뉴스에 긴급속보가 발표되었다. 메르스 33번째 감염자가 송파구 가든파이브에 있는 두끼 매장을 이용했다는 내용의 기사였다. 웃어야할지, 울어야 할지 모르는 상황이었다. 긴급속보를 타고 두끼 이름이 계속해서 거론되고 있었다.

뉴스를 접한 우리는 다음날 바로 상승세를 타고 있던 가든파이브 두끼의 문을 닫고 일주일간 휴업에 들어갔다. 일일 매출 500만 원의 매장을 일주일이나 휴업하면 3,000만원 정도의 큰 손실이 있었지만 우리 스스로 비겁해지지 않고 당당할 수 있도록 즉시 휴업을 결정했다. 장사도 중요하지만 위생과 안전을 최우선으로 생각하는 경영 철학이 있었기에 가능한 선택이었다.

이후 하루도 빠짐없이 매장을 소독했다. 두끼는 위기 속에서도 하늘이 돕는 운을 타고난 것 같았다. 코로나19처럼국민들이 사태의 심각성을 잘 인식하지 못하던 때라 메르스감염자가 다녀간 병원이나 매장들은 매출이 떨어질까 봐 모두 쉬쉬하는 분위기였는데, 작은 떡볶이 매장이 솔선수범해자발적으로 문을 닫고 소독을 하는 모습을 본 서울시 관계자와 기자들이 두끼를 메르스 모범 사례 매장으로 평가해주었다. 그리고 그다음 주 바로 서울시장님이 대표적인 모범 사례라며 격려차 매장에 직접 방문까지 하셨다.

태어나서 그렇게 많은 카메라와 기자들을 본 적이 없었다. 엘리베이터부터 매장까지 꽉 찰 정도로 많은 기자들과 서울시 관계자들 그리고 시장님께서 많은 격려와 응원을 해주셨다. 이는 두끼 사업에 큰 기폭제가 되었다. 평균 1~2시간의 웨이팅이 2~3시간으로 길어질 정도로 고객들이 줄을 섰다. 두끼의 정직한 경영 철학에 창업자들이 자발적으로 찾아왔다.

두끼의 성장세는 우리 스스로도 놀랄 만했다. 회사 설립 1년 만에 50호점을 돌파했다. 인기 많은 일반 소규모 프랜차이즈 속도에 비하면 엄청 빠른 편은 아니지만 창업 비용과 투자 그리고 규모를 비교한다면 거의 불가능한 속도의 성장세였다.

처음 두끼 본사 사무실은 떡모 푸드 트럭을 운영하는 내 개인 사무실에서 시작했다. 40평 남짓한 규모의 사무실에 떡모 푸드 트럭 직원과 두끼 직원들이 함께 일을 했다. 게다가 두끼 가맹점주님들을 위한 교육도 진행했는데, 빠른 상승세로 인해 더 이상 협소한 사무실에서 버티기가 어려웠다. 두끼의 더 나은 미래를 꿈꾸며 6개월 만에 우리는 지금의 본사 자리로 사무실을 이전했다.

사업을 하면서 완벽한 콘셉트와 시스템을 갖추고 시작하는 경우는 흔치 않다. 시대가 변하고 트렌드가 변하기 때문에 창업을 한 뒤에도 꾸준한 변화와 발전은 절대적으로 필요하다. 지금의 두끼만 보더라도 처음 오픈한 고대 1호점과 최근 오픈한 점포를 비교하면 같은 브랜드가 맞나 싶은 생각이 들 정도다. 그만큼 우리는 변화를 두려워하지 않고 진화를 거듭했다.

단 발전하기 위해서는 왜 변화해야 하는지, 어떻게 진화해야 하는지에 대한 이유를 정확히 파악하고 필요성을 충분히 느껴야 한다. 두끼는 떡볶이 무한리필 레스토랑이다. 하지만 단순히 떡볶이만을 위한 레스토랑은 아니다. 두끼는 계속 진화하는 살아 있는 브랜드다.

떡볶이라면 누구나 다 알고 있는 국내에서 떡볶이 사업으로 성공하기보다 떡볶이를 모르는 전 세계 사람들을 상대로 성공하려면 판에 놓고 볶는 간식에 가까운 떡볶이가 아닌 식사가 가능한 패밀리레스토랑 시스템의 즉석떡볶이가 훨씬 더 거부감 없이 다가갈 수 있다고 판단했다.

즉석떡볶이의 매력은 언제든 원하는 재료를 다양하게 바꿀 수 있다는 것이다. 해외에서도 그 나라의 문화와 식습관에 따라 충분히 변화가 가능하다. 떡볶이를 잘 알고 있는 한국인들에게는 떡볶이 이상의 새로움을 경험하게 하고, 해외에서는 한국의 문화이면서도 현지인들에게 익숙하게 다가가도록 만드는 것이다. 브랜드를 만들거나 운영할 때 가장 중요하게 여겨야 할 점은 브랜드도 생물처럼 숨을 쉰다는 것이다.

창업 기회 분석

나만의 '강점'을 찾아야 한다

떡볶이 컨설팅 엔지니어로 일하며 수많은 예비 창업자들을 만나왔다. 떡
모 푸드 트럭을 운영할 때도 여러 사람들이 푸드 트럭 창업에 도전했다가
소리소문없이 사라지는 일을 수없이 보았다. 그러면서 내가 느낀 점은 생
각보다 많은 사람들이 철저한 준비 없이 창업에 뛰어든다는 것이다.

창업이라는 것은 꽤 많은 자본과 비용이 필요하다. 돈이 넘쳐나는 사
람이 아니고서야 누군가에게는 평생 모은 돈을 다 투자해야 하는 일이기
도 하다. 이렇게 중요한 일을 어떻게 잘 모르고서 뛰어들 수 있을까. 인생
을 걸 만한 아이템과 철저한 준비가 뒷받침돼도 성공할까 말까 한 일이
창업이다. 적어도 창업을 하려는 사람이라면 자신이 어떤 아이템으로 무

엇을 어떻게 할 것인지 정도는 치열하게 고민해야 한다.

누군가는 준비만 하다가는 평생 시작하지 못할 수도 있다고 한다. 맞는 말이다. 나 역시 무슨 일이든 일단 행동하라고 계속 이야기해왔다. 하지만 나는 하나도 준비되지 않은 상태에서 무턱대고 점포를 열고 돈을 쏟아부으라는 이야기는 하지 않는다. 그런 말은 무책임한 조언일 뿐이다. 나는 세계적인 떡볶이 명인이 되겠다는 꿈을 가지고 '일단 행동'이라는 가치를 늘 실천했지만, 바로 두끼 창업을 한 게 아니라 떡볶이 동호회를 만드는 것으로 시작했다. 즉, 전문성을 기르는 방향으로 차근차근 행동한 것이다.

대신, 모든 것에서 완벽할 때까지 기다릴 필요는 없다. 나 역시 완벽하지 않다. 떡볶이에 대한 부분에서는 누구보다 잘 안다고 자신할 수 있지만, 사업 운영이나 프랜차이즈 시스템 등에 대해서는 나보다 더 전문성을 가진 사람들이 많다. 그렇다면 그들에게 노하우를 배우거나 맡기는 게 현명할 수 있다. 이것저것 다 잘하려고 하기보다 나만의 강점에 집중하는 것이 훨씬 좋은 성과를 낼 확률이 높은 게 당연하다.

어떤 사람은 기가 막힌 아이템을 알아보는 눈이 좋을 수 있고, 어떤 사람은 운영 관리에 탁월함을 보일 수 있다. 중요한 건 어떤 면에서든 하나라도 내가 전문성이 있다고 판단될 때 창업을 해야 성공할 수 있다는 것이다.

Part 4

떡볶이로 세계에
진출할 수 있을까

우리가 정한 꿈과 목표에 도달하는 과정은

어려운 고난의 길이며 오랜 시간을 견뎌야 한다.

그렇다 보니 그 시간을 견디지 못하고 포기하는 경우가 많다.

그래서 큰 목표를 이루기 전에 작은 목표부터 먼저 이루어

그 성공의 맛을 한번 느껴보기를 권한다.

계속해서 나 자신에게 동기부여를 해주는 것이다.

세계적인
떡볶이 명인을 꿈꾸며

2013년 초에 싸이의 〈강남스타일〉이 전 세계적으로 큰 인기를 얻었다. 한 곡의 노래로 가수 싸이는 월드스타가 되었다. 각종 언론과 방송의 모든 관심이 싸이에게 집중되었다. 당시 한 인터뷰에서 기자가 싸이에게 해외에서 엄청난 인기를 얻고 있는데 가장 힘들었던 것이 무엇인지 묻자, 싸이는 외국에서 활동하면서 떡볶이가 너무 먹고 싶었고, 한국어로 대화하고 싶었다라고 대답했다.

떡볶이 회장이었던 나는 싸이의 대답에 몹시 흥분했다.

싸이를 통해 떡볶이를 세계에 알릴 수 있는 좋은 기회라고 생각했다. 그래서 싸이의 소속사로 수차례 메일을 보냈다. '세계적으로 한류 문화를 알리고 대한민국을 알리는 싸이 님을 존경합니다. 그리고 떡볶이가 너무 먹고 싶었다는 인터뷰를 보았습니다. 대한민국의 대표 간식인 떡볶이 동호회 회장으로서 싸이 님이 계신 곳이라면 전 세계 어디든 떡볶이를 보내드리겠습니다. 떡볶이를 세계에 많이 알려주세요.' 아마도 그 당시 너무 많은 일정으로 나의 순수하고 간절했던 메일은 전달되지 않은 것 같았다. 아쉬웠지만 그런 생각을 하고 메일까지 보낸 나의 행동과 용기에 만족했다.

그 이후로 국제, 세계, 해외라는 말이 들어간 행사들을 적극적으로 찾아다녔다. 세계적인 떡볶이 명인이 되기 위해서는 어떻게든 떡볶이를 세계에 알려야 한다는 사명감이 커졌다. 부천국제영화제에서는 매년 '떡볶이의 모든 것' 회원들과 함께 떡모 푸드 트럭으로 떡볶이 알림 행사를 진행했다. 비록 영화제를 관람하러 오는 분들과 행사에 참석하는 분들에게 떡볶이를 나눠주는 행사였지만 그렇게라도 해서 떡볶이가 알려지기를 바라는 마음이었다.

떡볶이를 세계에 알리고자 하는 의지가 나에게만 강하게 있었던 것은 아니다. 용인에 위치한 쌀 가공 식품협회 떡볶이 연구소에서도 꾸준히 떡볶이를 연구하고 전 세계에 홍보를 하고 있었다. 떡볶이 연구소는 2009년부터 농림수산식품부 주관으로 떡볶이 페스티벌을 개최했다. 나는 그 페스티벌에서 떡볶이 경연대회 심사위원으로 활동했는데, 나에게는 또 하나의 새로운 경험이었다. 전국 대학교의 조리학과 학생들과 수많은 요리사 그리고 현업에서 떡볶이 업을 하고 있는 분들까지 참여해 상상 이상의 다양한 떡볶이를 만들어내는 순간이었다.

한국적인 것이 꼭 세계적일까

떡볶이는 대한민국의 그 어떤 음식보다 세계화의 가능성이 큰 아이템이다. 비빔밥이나 불고기, 김치 같은 고유의 맛을 가지고 있는 한국적인 음식을 세계화하는 것도 좋지만 떡볶이는 기본 형태를 유지하면서도 세계 각국의 고유한 문화와 익숙한 맛이 더해지도록 얼마든지 변화가 가능했다.

오늘날 미국에서 가장 고급스런 음식 중 하나인 스시 역시 처음에는 날것을 먹지 않는 미국인들에게는 매우 낯선 음식이었다. 하지만 캘리포니아롤이라는 형태로 만들어 그들의 입맛에 맞춰 차츰 익숙하게 한 다음 스시까지 충분히 즐길 수 있도록 했다. 어쩌면 일본의 이런 음식과 같은 맥락일 수 있다고 생각했다. 떡볶이가 반드시 빨갛고 매울 필요는 없다. 세계인들이 어릴 적부터 먹고 자란 익숙한 맛의 양념이나 재료를 사용하되 떡볶이라는 주제만 명확히 유지하면 분명 가능할 것 같았다.

서양인들은 떡의 찐득찐득한 식감을 싫어한다는 것도 알고 있었다. 미국 여행 중에 떡볶이를 직접 만들어 현지인들에게 먹여본 적이 있다. 매운맛은 오히려 어떻게든 즐기는 것 같았는데, 쫄깃한 떡을 언제까지 씹어야 하는지, 언제쯤 넘겨야 하는지를 잘 모르는 것 같았다. 그래서 떡이 꼭 우리가 사용하는 가래떡이나 떡볶이떡일 필요도 없다고 생각했다. 카페 회원들의 아이디어로 만들어낸 젓가락처럼

긴 떡이나 우동, 칼국수의 면처럼 생긴 면떡도 괜찮을 것 같았다.

　그때부터 나는 떡볶이라는 단어가 있는 곳은 어디든 찾아다니기 시작했다. 국내 떡볶이는 말할 것도 없고 해외에서도 떡볶이라는 메뉴가 보이면 무조건 주문해 먹어보았다. 해외에서 먹는 떡볶이는 신기하게도 맛이 한결같았다. 떡볶이 전문점을 쉽게 찾아볼 수 없는 것은 물론이고, 한식을 파는 레스토랑 메뉴에 작은 글씨로 떡볶이라고 적혀 있는 경우가 대부분이었는데 보통 가격이 2만 원 정도였다. 떡볶이를 전문으로 하지 않다 보니 수출되는 상용화된 고추장에 설탕과 몇 가지 조미료, 퍼진 어묵 그리고 갈라지는 떡으로 만든 떡볶이가 대부분이었다. 교민들이나 가끔 사먹을 뿐 현지인들은 거의 먹지 않는 음식인 것 같았다. 충분히 이해는 된다.

　중국에서 취두부에 도전했을 때의 일이 생각난다. 방송이나 책에서만 취두부를 접해봤을 뿐 실제로 먹어본 적은 없었다. 냄새가 고약해 먹기 힘들지만 막상 먹어보면 상당히 맛있다고 알고 있었다. 중국 여행 중에 한 공원에서 꼬치에 꽂은 취두부를 기름에 튀겨 판매하고 있는 손수레를 발견하고는 그 맛이 궁금해 도전해보기로 했다. 하지만 취두부를 사러 손수레로 다가가는 순간, 나는 바로 포기해버렸다. 취두부의 고약한 냄새가 나의 후각과 미각을 이미 지배해버렸던 것이다. 나는 지금도 그 냄새를 정확히 기억한다. 그것은 분명 무좀이 있는 발로 두 시간 축구를 하고 난 뒤 양말을 벗었을 때 그 땀에 쩐 발에서 나는 냄새였다.

그렇게 취두부 도전을 포기하고 벤치에 앉아 속을 달래고 있는데, 중국 연인들이 취두부를 사가지고는 내 옆 벤치에 앉아서는 서로 먹여주며 좋아했다. 심지어 취두부를 먹은 입으로 키스까지 하는 게 아닌가. 나에게는 충격 그 자체였지만 그들에게는 너무도 자연스러운 일이었다.

그때 나는 깨달았다. 취두부가 익숙한 저 중국 연인들에게는 냄새와 상관없이 맛있게 먹을 수 있는 음식이지만 그렇지 않는 나에게는 곤혹스러운 음식이었다. 떡볶이도 마찬가지로 우리에게는 너무 익숙하고 친숙한 음식이지만 다른

문화의 사람들에게는 취두부처럼 낯설고 곤혹스러운 음식
일 수도 있을 것이다.

그러면서 무조건 떡볶이를 세계에 알리고 싶어 했던 나
의 계획에 약간의 변화가 찾아왔다. 떡볶이 형태를 그대로
고집한 채 세계에 알린다면 그것은 결국 내가 취두부를 겪
었을 때와 같은 결과를 낳게 될 거라는 생각이 들었다. 그
때부터 오랜 고민이 시작되었다. 어쩌면 우리에게 익숙하지
않은 떡볶이가 오히려 세계의 떡볶이가 될 수도 있겠다 싶
었다. 그러면서 우리가 흔히 접하는 넓은 판에 만들어 1인분
에 3,000원에 파는 떡볶이가 아니라 패밀리레스토랑과 같
은 형태의 장소에서 외식하는 분위기로 즐길 수 있는 즉석
떡볶이에 대한 고민이 시작된 것이다.

지구 반대편에서도
떡볶이를 즐기는 그날

두끼의 첫 해외 진출은 생각보다 빨랐다. 회사를 만든 지 1년 만에 중국 상하이에 매장을 오픈할 수 있는 기회를 얻었다. 문화와 언어가 다른 해외에 매장을 오픈하는 일은 두려움도 따랐지만 우리는 무모했다. 몸으로 때워서라도 불가능을 가능으로 바꿀 수 있도록 노력했다. 법률 관리, 인력 관리, 운영 관리 등 한국에서 경험한 것들과는 상식적으로도 너무 달랐다. 숱한 시행착오 속에서도 우리는 할 수 있다는 긍정적인 생각으로 돌진했다.

한국에서는 조명 하나 설치하는 게 그리 어려운 일이 아니지만 중국에서는 전구 하나 사다가 끼워 넣는 데도 일주일씩 걸렸다. 되는 것보다 안 되는 게 더 많았고, 안 되는 이유도 정말 다양했다. 게다가 중국 정부와의 인맥이 없으면 같은 일도 몇 번을 다시 해야 했고, 쉬운 길이 있어도 어려운 길로만 가야 했다. 한국에서 파견 나간 해외사업팀 직원들의 노고는 헤아리기 어려울 정도였다.

어렵게 어렵게 두끼의 첫 번째 해외 매장을 오픈했다. 하지만 오픈 뒤에도 또 다른 문제가 발생했다. 떡볶이를 잘 알지 못하는 대부분의 중국인들은 떡볶이를 훠궈 식으로 만들어 먹었다. 육수에 양념을 넣고 끓인 뒤 떡을 그 국물에 휘휘 저어 먹고, 야채도 같은 식으로 먹었다. 더 큰 문제는 무한리필 시스템이다 보니 한 상 넉넉하게 차려먹는 것이 문화고 예의인 중국인들을 상대로 식재료 낭비가 심했다. 누가 한국의 떡볶이가 중국에서 성공했다고 했는가? 중국인들은 떡볶이 자체를 알지 못했다. 극히 일부의 사람들만 알고 있을 뿐 그들에게 떡볶이는 정말 생소한 음식이었다.

떡볶이로 세계에 진출할 수 있을까

우리는 전략을 바꿨다. 주방에서 어느 정도 떡볶이 재료를 세팅해 내어주고 모자란 부분을 고객들이 더 담아먹는 시스템으로 바꿔보았다. 그렇게 한 달 정도를 운영하고 나서야 중국인들에게 두끼 떡볶이의 콘셉트를 인지시켜줄 수 있었다.

힘들게 매장을 오픈하고, 오픈 후에도 어렵게 떡볶이를 알리기까지 오랜 시간이 걸렸다. 더 큰 충격은 느닷없이 맞닥뜨린 폐점 위기였다. 우리의 의지와는 상관없이 사드 배치라는 국가적 이슈로 한국 기업이 중국에서 버티기 힘든 상황이 된 것이다.

중국이 안 되면 대만

중국에서 철수한 두끼는 같은 중화권인 대만을 공략했다. 중국에서 이미 수차례 어려움을 겪은 경험이 있다 보니 대만에서는 오히려 수월했다. 물론 한국에서만큼 원활하지는 않았지만 이미 많은 어려움을 예상했던 터라 상대적으로 수

월하게 느껴졌다.

대만의 파트너도 큰 도움이 되었다. 사업 의지가 명확한 대만 두끼 마스터 프랜차이즈는 공격적이고 체계적으로 사업을 전개했고 두끼 본사는 최선을 다해 서포트를 했다. 두끼 대만 1호점을 오픈한 대만의 중심가 시먼딩에는 이미 인기가 많은 한식 브랜드들이 들어와 있었는데 그곳에서 두끼는 최고의 인기를 누렸다. 대만의 두끼는 떡볶이 세계화의 가능성을 증명해주었고 자신감을 얻을 수 있는 기회가 되었다.

2019년 기준 대만 현지 조사 결과 레스토랑 부분 1위에 한국의 두끼가 선정되었다. 세계적으로 가장 인정받는 일본의 스시, 이탈리아의 파스타와 피자, 중국의 딤섬 등 많은 외식 브랜드가 있는데도 한국의 떡볶이가 선정되었다는 것은 큰 의미가 있었다.

베트남과 태국, 인도네시아, 싱가포르, 말레이시아에서도 두끼는 큰 사랑을 받으며 한국의 떡볶이에 대한 새로운 스토리를 써나갔다. 심지어 싱가포르와 말레이시아의 마스

<전 세계 10개국에 진출한 두끼 해외 매장>

터 프랜차이즈 대표는 외국인이다. 그야말로 한국 문화와 한국말조차 모르는 사람들인데도 떡볶이 사업을 너무 잘하고 있어서 놀라울 정도다.

본사는 직접 해외 매장을 운영하지는 않는다. 사람을 소중히 여기고, 사업을 잘해나갈 수 있는 기회를 주고, 함께 성장하는 것을 원한다. 회사의 경영 이념이기도 하고 나의 생각도 그렇다. 그래서 각국의 마스터 프랜차이즈를 모집해 그 나라의 두끼 사업에 모든 권한을 주고, 열심히 하면 할수록 함께 성장할 수 있도록 동기를 부여한다.

아무리 두끼가 뛰어난 브랜드라고 해도 현실적으로 각 나라의 문화와 생활 환경, 식습관을 모두 만족시킬 수는 없다. 실패 경험이 있는 중국의 경우만 해도 그렇다. 즉석떡볶이를 훠궈로 만들어 먹을 거라고는 생각조차 못했었다. 그래서 각 나라마다 식문화와 소비문화를 잘 알고 있는 마스터 프랜차이즈의 경험을 토대로 한국의 두끼 시스템을 도입한 뒤 다시 그 나라에 맞게 재구성하는 방법으로 사업을 펼쳐나갔다.

Me Too 창업의
함정 혹은 덫

모방은 창업의 어머니라고 한다. 한국뿐만 아니라 어느 나라에나 모방은 존재한다. 허나 유독 한국에 좀 더 많은 것은 사실이다. 예전에도 그랬고 최근에도 미투 창업은 아주 흔하다. 요즘 인기가 많은 음식이라거나 핫한 메뉴라고 시장에 소문이 나면 순식간에 비슷한 브랜드가 우후죽순처럼 생겨난다.

　신기하게도 언제 그렇게 준비들을 했는지 생겨나는 속도도 엄청나게 빠르다. 수년간 연구하고 준비한 원조와 똑

같은 형태와 시스템으로 단시간에 다시 태어나기도 한다. 교묘하게 브랜드명을 재구성하는 경우도 있고, 아예 대놓고 똑같이 하는 곳도 많다.

두끼의 경우 역시 사업성을 증명하는 시간을 보내던 사업 초창기에 비슷한 콘셉트를 넘어 아예 대놓고 똑같이 흉내낸 레이아웃의 브랜드들이 생겨나기 시작했다. 남 대표님과 내가 남대문 그릇 도매시장을 온종일 뒤져가며 찾고 만들고 기획했던 모든 집기들까지 똑같이 따라 하는 업체들도 꽤 많았다.

처음에는 당황스럽고 화도 났지만 남 대표님은 미투 업체들이 우리를 따라 하는 것은 그만큼 우리 두끼가 사업성이 크다는 것을 확인시켜주는 일이라며 오히려 좋은 반응으로 받아들이라고 했다.

사실 나는 화는 났지만 두렵지는 않았다. 그 이유는 간단했다. 두끼라는 브랜드는 누구보다 떡볶이에 관해 잘 알고 있고 경험도 많으며 무엇보다 떡볶이에 진심인 사람들이 함께 일구어낸 사업이었기에 떡볶이의 트렌드를 만들고 이끌어나갈 자신감이 충만했다. 단순히 겉모습만 따라 하는 미투 업체들과는 본질적으로 달랐다. 예상대로 미투 업체들은 2년 동안 공격적인 사업을 펼치다가 순식간에 생겨났던 것처럼 순식간에 사라졌다.

사업은 환상이 아니다

가끔은 사이비 종교를 보면서 그런 생각을 한 적이 있다. 일반적인 상식으로 사이비 종교를 들여다보면 '어떻게 저런 터무니없는 말에 현혹될 수가 있지?' 하는 생각이 든다. 그런데도 사이비 종교에 현혹되는 사람들을 보면 사회 부적응자이거나 지능이 떨어지는 사람들이 아니다. 저마다 번듯한 직업을 가지고 있고 훌륭히 사회생활을 하고 있는 사람들도 사이비 종교에 빠지는 경우가 허다하다.

미투 창업을 보면서 그와 비슷하다는 생각이 들었다. 상식적으로 특정 브랜드를 따라 하는 게 뻔히 보이고, 또 언제 어떻게 사라져도 전혀 이상하지 않을 법해 보이는 프랜차이즈 회사라는 것을 쉽게 알아차릴 수 있는데도 많은 예비 점주들이 그런 회사에 투자를 하고 점포를 오픈하고 배신을 당한다. 그런 것을 보면서 사이비 종교에 현혹되는 사람들처럼 잘 이해되지 않을 때가 많았다.

예전에 무료로 떡볶이 창업 컨설팅을 해줄 때의 경험과 지금의 경험을 전반적으로 살펴보면 그 의문에 대한 답을 쉽게 찾을 수 있다. 창업자는 내가 하려는 아이템에 꽂히면 무조건 잘될 거라는 환상에 빠지기 쉽다. 내가 하는 창업이나 일이 망할 거라고 생각하고 시작하는 사람이 어디 있겠는가. 하지만 조금은 냉정하게 한 걸음 또는 두 걸음 뒤에서 일의 과정을 지켜보는 시간이 필요하다.

가장 중요한 것은 내가 왜 그것을 해야만 하는지 그에 대한 명확한 이유가 있어야 한다. 좀 더 진지하게 그리고 객관적으로 자신을 바라봐야 하고, 적어도 자신이 하는 일이 최고의 권위자까지는 아니더라도 전문가 이상은 되어야 한다고 생각한다.

재미있게도 두끼의 미투 업체가 한국에만 존재하는 것

은 아니었다. 베트남에서도 두끼가 성장세를 이루던 시점에 많은 미투 업체가 생겨났다. 그걸 지켜보면서 신기하기도 하고 '웃프'기도 했다. 결국에는 몇 달 지나지 않아 한국에서의 비슷한 과정으로 사라지기는 했지만.

더 이상의
실패는 없다

회사를 다니면서 나는 늘 부정적이었고 핑계가 가득했다.
하고 싶어서 하는 일도 아니었고, 그저 돈을 벌기 위해 일을
해야만 했다. 그래서 더 싫었다. 미션이 주어지면 어떻게든
빠져나가기 위해 애를 썼다. 할 수 없는 이유를 찾아내기 바
빴고, 그 할 수 없는 이유를 합리화시키기 위해 더 바빴다.
한마디로 나의 직장생활은 실패였다.

　　하지만 사업을 시작한 뒤 더 이상 나에게 실패는 없다.
어려우면 어려운 대로, 힘들면 힘든 대로 버티면서 해결해

나가려는 의지가 강해졌기 때문이다. 나의 능력이 어느 정도인지는 생각보다 중요하지 않은 것 같다. 안 되면 될 수 있는 방법을 찾으면 된다. 그래도 안 되면 또 다른 방법을 찾으면 된다. 시간 낭비라고 생각할 수도 있겠지만 그런 순간들이 반복되면 시간을 낭비하지 않고도 해답을 찾을 수 있는 방법을 터득하게 된다.

꼭 나 혼자 모든 문제를 해결할 필요도 없다. 내가 못하는 부분은 잘하는 사람들과 함께하면 된다. 모든 문제의 답을 혼자 찾으려는 것은 더없이 미련한 짓이며, 그것이야말로 시간 낭비다.

만능보다는 나만의 전문성을 키워라

두끼라는 회사 역시 한 사람의 능력으로 이루어진 것이 아니다. 떡볶이 전문가인 나는 떡볶이의 트렌드와 방향성 그리고 우리 회사가 함께 나아가야 할 길을 제시하고 개척한다. 이것이 내가 가장 잘하는 일이다.

남 대표님은 프랜차이즈 시스템 구축에 뛰어난 분이다 보니 두끼 사업에 필요한 하드웨어적인 모든 부분을 총괄하신다. 유통에 있어서도 시장의 흐름을 파악하고 가맹점과 본사 모두에 득이 될 수 있는 방법을 찾아 실행하신다. 박 대표님은 회사가 건실하고 튼튼하게 운영될 수 있도록 경영을 맡고 있다. 자금의 흐름을 관리하고 투자, 회계 등 투명한 회사를 만들기 위해 애쓰며, 많은 인맥과 사회활동을 바탕으로 해외에 있는 두끼 매장 오픈이나 관리에 훌륭한 역할을 하고 계신다.

만약 나 혼자 떡볶이의 방향성을 제시하면서 식자재도 구입하고, 가맹점 영업도 하고, 회사의 자금 관리까지 한다면 아마 두끼의 성장은 지금의 절반 수준도 이루지 못했을 거라고 확신한다. 사람은 누구에게나 각자 잘하는 역할이 분명히 존재한다. 공부도 재능이라고 했다. 노력하면 되겠지만 학교에서 하는 공부처럼 사회는 우리를 배려하거나 기다려주지 않는다.

모자란 부분을 가득 채우려 노력하지 말고 잘하는 부분

을 더 잘할 수 있도록 노력하는 것이 더 나은 선택일 수 있다. 오늘날 우리 사회는 그런 인재를 더욱 필요로 한다. '이 사람은 만능이야!'라는 이야기는 옛말이다. 회사에서는 굳이 그런 사람을 필요로 하지 않을 수 있다. 만능인 사람보다는 어떤 분야를 특별히 더 잘하는 능력을 갖춘 사람이 지금 시대가 필요로 하는 인재다. 안 될 거라는 이유를 찾기보다는 항상 될 수 있다고 믿고 그 방향성을 제시하는 긍정적인 마음 자세가 필요하다.

작은 성공의
맛

10년 전 나의 수식어는 '열정 없는 김 대리'였다. 모든 것에 부정적이었고, 마땅히 해야 할 일조차도 하지 않을 핑계를 찾기 바빴다. 그 지경인데 성과라는 게 있을 리 만무했고, 당연히 성취감이 무언인지 느껴보지 못했다.

　그때와 비교하면 지금의 나는 전혀 다른 사람이 되어 있다. 모든 것을 긍정적으로 바라보고, 무엇이든 해야 할 이유를 찾기 위해 노력하며, 이유를 찾기도 전에 먼저 행동한다. 성공의 재미를 알고, 성공했을 때의 그 맛을 이제는 몸이 기억한다. 어떤 목표를 정하고 그 목표를 달성했을 때의 희열은 이루 말할 수 없을 정도다. 그 희열감을 잘 활용한다면 자신의 꿈과 목표를 향해 달려가는 데에 큰 도움이 된다.

어릴 적 우리는 누구나 큰 꿈을 꾸었다. 나 역시 대통령, 과학자, 우주비행사를 꿈꾸었다. 하지만 결국 그 많은 꿈들은 물거품처럼 사라졌다. 막연하게 되고 싶다는 꿈만 있었지 동기부여가 없었던 것이다.

여러분들 역시 한때는 많은 꿈과 목표를 품었지만 정말 그 꿈을 이룬 사람은 많지 않을 것이다. 시도도 하고 노력도 해봤지만 중간에 멈추거나 포기하는 일이 많았을 것이다. 강력한 의지 없이는 참 쉽지 않은 일이다. 사람들은 누구나 관성적으로 편한 것을 찾으려 하기 때문이다.

우리가 정한 꿈과 목표에 도달하는 과정은 어려운 고난의 길이며 오랜 시간을 견뎌야 한다. 그렇다 보니 그 시간을 견디지 못하고 포기하는 경우가 많다. 그래서 큰 목표를 이루기 전에 작은 목표부터 먼저 이루어 그 성공의 맛을 한번 느껴보기를 권한다. 계속해서 나 자신에게 동기부여를 해주는 것이다.

성공도 많이 경험하다 보면 그 맛을 알게 되고, 성공하는 습관을 기를 수 있다. 공부도 재능이고 노래도 재능이고 성공도 재능이다. 하지만 재능이 없다고 해서 이루지 못하는 것은 아니다. 성공에는 재능만큼이나 노력도 중요하기 때문이다. 자신이 성공하는 재능이 없다고 판단되면 노력해서 성공하면 된다.

나 역시 처음부터 프랜차이즈 사업에 도전한 게 아니다. 최초에는 떡볶이 명인이 되겠다는 꿈 하나가 전부였다. 아무것도 가진 게 없었던 나는 떡볶이 동호회를 만드는 것부터 시작해 그것을 크게 키웠다. 그것을 기반으로 떡볶이 푸드 트럭을 만들어 성공시켰고, 그 후에야 프랜차이즈 사업을 시작할 수 있었다.

작은 성공이 내가 이루고자 하는 목표의 방향성과 조금 달라도 괜찮다. 현실 가능한 작은 목표부터 도전해 성공의 맛을 느껴보길 바란다. 내가 좋아하는 가수의 춤을 마스터해보거나 유명한 맛집 10곳 도장 찍기 등 쉽게 이룰 수 있는 아주 작은 목표부터 정하고 한번 해보는 것이다. 사소하지만 아무것도 하지 않는 것보다 무엇이든 해보는 게 중요하다. 그렇게 이루어낸 작은 성공이 내게 성취감과 희열, 행복을 가져다줄 것이다.

아무것도 하지 않으면 아무것도 아니다

큰 목표를 실현하기 위해서는 목표의 크기만큼이나 많은 노력과 시간이 필요하다. 그 시간을 견대내기란 쉽지 않다. 하지만 작은 성공의 맛을 알게 되고 그것들이 쌓여 습관이 되면 큰 목표를 이루기 위한 힘든 과정들이 한결 견딜 만하다. 그렇기 때문에 작은 성공이라도 이루었다면 그런 나 자신을 한껏 칭찬해주자. 고기도 먹어본 사람이 그 맛을 안다고, 작은 성공부터 이루어내는 습관을 가지고 있는 사람이 큰 성공도 이루어낼 수 있다.

2019년에 고려대학교 온라인 마케팅 최고위 과정에 도전한 적이 있었다. 10주차의 교육 과정이었는데, 그곳에서 행동의 중요성에 대해 참 많은 것을 깨달았다. 첫 만남 때

주임 교수님께서 하신 말씀이 지금도 또렷하게 기억난다. 교수님은 단 한 번도 수업에 빠지지 않고 모든 과제를 빠짐없이 다 해내는 교육생에게는 졸업할 때 큰 선물이 있을 것이라고 했다.

늘 '행동이 전부'라고 생각하던 나에게 교수님의 말씀은 큰 동기부여가 되었다. 나는 10주차 동안 단 한 번의 결석도, 지각도 하지 않고 과제도 모두 해냈다. 해외 출장도 수업이 있는 날은 피해서 일정을 잡았고, 해외에 머무는 동안에도 매일 과제를 했다. 10주가 지나 모든 교육을 마치고 졸업식에서 유일하게 나 혼자 큰 상을 받게 되었다.

아무리 좋은 교육과 뛰어난 사업 아이템도 결국 행동하지 않고 실행하지 않으면 아무것도 아닌 것과 마찬가지다. 아무것도 하지 않고 더 나은 내일을 바라는 것은 감나무 밑에 가만히 누워 감이 떨어지기만을 기다리다가 생을 마감하는 것과 다르지 않다. 감이 먹고 싶으면 적어도 나무에 올라가 잘 익은 감을 따오든지, 너무 높으면 사다리를 구해 그것에 올라가서라도 나무에 매달린 감을 따와야 한다. 아무것도 실행하지 않으면 아무것도 얻지 못한다.

떡볶이로 세계에 진출할 수 있을까

사업 확장

고집을 버리고 유연하게 사고하라

로마 제국 제16대 황제 마르쿠스 아우렐리우스는 『명상록』에서 말했다.

"누군가 우리의 행동을 지연시킬 수는 있지만, 주어진 조건에 적응하고 유연하게 반응하는 힘이 있는 한 우리의 의도와 태도까지 지연시키지는 못한다. 왜냐하면 우리 마음이 가진 유연성은 어떤 장애물도 성취를 향한 수단으로 변환시키기 때문이다."

장애물을 만났을 때 주변 상황과 조건에 맞춰 유연하게 대처한다면 극복할 수 있다는 말이다. 이는 무엇보다 사업을 확장할 때 명심해야 하는 말이다. 자신만의 노하우로 성공을 맛본 사람은 그 노하우를 맹신하는 경우가 많다. 하지만 상황이 달라지면 결과도 달라질 수 있다. 한 번 성공했다고 해서 그 방법이 절대적인 것은 아니라는 말이다.

나는 떡볶이가 전 세계에 통할 것이라 확신했지만 여러 나라에서 시장 조사를 한 뒤 떡볶이의 형태를 달리해야 할 수도 있겠다고 생각했다. 매장 운영 방식이나 조리 방법도 우리나라에서 성공한 그 방식 그대로 해외에 진출하는 것보다 각 나라의 상황에 맞게 변화를 주는 게 정답일 수 있다고 판단했다. 떡볶이를 받아들이는 사람이 다르고 문화가 다른데 우리나라에서 먹힌 방법을 그대로 가지고 가봐야 실패하리라는 생각이 들었기 때문이다.

더 나아가 현지의 전문가를 믿고 맡기는 것도 좋은 방법이 될 수 있다. 내가 아무리 연구하고 분석했다고 한들 그 시장에 대해 현지 전문가만큼 알 수는 없기 때문이다. 두끼 역시 본사가 해외 매장을 직접 운영하지 않는다. 현지의 마스터 프랜차이즈에게 최대한의 권한을 주고, 그들이 각자 시장에서 유연하게 사업을 펼칠 수 있도록 최선을 다해 돕는다. 사업을 확장할 때는 고집을 버리고 유연하게 사고해야만 살아남을 수 있는 법이다.

Part 5

하나의 브랜드가
된다는 것

스토리를 만들 때는 이미지가 무척 중요하다.

자연스럽게 이미지를 기억하다 보면

어느 날 문득 그 이미지에 대해 궁금증이 생길 때가 있다.

그럴 때 사람들은 스토리를 찾아보게 되고,

그 스토리는 고객의 기억에 강하게 남게 된다.

그렇게 해서 브랜드 스토리가 채워지는 것이다.

퍼스널 브랜딩의
힘

떡볶이 동호회 회장으로 활동하던 시절, 어릴 적부터 나의 꿈이기도 했던 방송국 PD로부터 내게 연락이 왔다. SBS의 〈모닝와이드〉라는 프로그램의 인물 특집 편에 출연해줄 수 있겠느냐는 요청이었다. 최근 다양한 매체를 통해 독특한 활동을 하고 있는 떡볶이 동호회 회장이 과연 어떤 사람인지 시청자들이 궁금해할 것 같다는 설명이었다.

내가 생각해도 나는 꽤 신기한 인물이었다. 요즘이야 유튜브 먹방이나 맛집 탐방 등의 콘텐츠들이 넘쳐날 정도로 많아서 사람들에게 익숙하지만 그때만 해도 떡볶이를 먹으러 전국을 돌아다니고, 축제에서 2,000인분이 넘는 떡볶이를 만들고 하는 모습이 참 기묘하게 느껴지긴 했을 것이다. 신기해하는 정도를 넘어 괴상한 소문이 돌기도 했다. 경제 활동도 하지 않고 도대체 무슨 돈으로 매일 떡볶이 맛집이나 찾아다니는지 모르겠다거나 아마도 엄청난 금수저이거나 대기업 회장의 숨겨둔 아들일 거라는 루머까지 돌았다. 그렇게 신기하고 괴상한 사람으로 소문이 난 나는 그 덕에 처음으로 방송 촬영을 하게 되었다.

PD와 카메라 감독 두 분과 아침 일찍 만나 2박 3일 동안 나의 일상을 촬영했다. 대본도 없는 그야말로 리얼 방송이었다. 하지만 방송인이 아닌 나로서는 대본 없이 자연스럽게 나의 일상을 찍는 게 훨씬 더 수월했다.

나와 PD님은 내가 운전하는 차를 타고 촬영을 시작했고, 카메라 감독님은 방송국 차로 내 차를 따라다니며 촬영을 시작했다. 우리는 가장 먼저 일산에 있는 '지○떡볶이'로 향했다. 국물 떡볶이를 판매하는 매장이었는데 개인적으로 내가 아주 좋아하는 떡볶이 맛과 스타일의 떡볶이집이었다.

그다음 우리는 일산에서 청주로 이동했다. 청주의 유명한 '소문난○○떡볶이'를 찾아갔다. 떡모 카페 회원으로도 활동하는 사장님이신데, 직접 방문은 처음이었다. 청주에서 유명한 떡볶이 맛집이라는 것은 잘 알고 있었는데, 역시나 떡볶이 맛이 아주 훌륭했다. 특히 치즈어묵과 양배추와 떡볶이의 조합이 매우 조화로웠다. 하지만 떡볶이 맛보다 더 인상적이었던 것은 사장님의 대단한 떡볶이 사랑이었다. 떡볶이에 대한 자부심과 정성이 누가 봐도 떡볶이 장인이라는 느낌이 들었다.

우리는 다시 청양의 고추 농장으로 향했다. 그곳에서 떡볶이에 사용할 고운 고춧가루도 구입하고 다시 대구로 향했다. 대구에 도착하자 떡모 카페 스태프로도 활동하시고 늘 도움을 주시는 '이웃집○○떡볶이' 사장님이 반겨주셨다. 그곳에서 우리는 대구 떡볶이의 역사에 대해 이야기를 나누고 맛도 보는 장면들을 촬영했다.

그런 뒤 우리는 마지막으로 경주에 방문해 즉석떡볶이를 먹으면서 2박 3일 동안의 촬영을 마무리했다. 늘 그렇듯

하나의 브랜드가 된다는 것

이 촬영하는 내내 나는 떡볶이만 먹었다. 문제는 함께한 PD 와 카메라 감독님도 같이 떡볶이만 먹어야 했다는 사실. 촬영 마지막 날 그분들은 손사래를 치며 앞으로는 더 이상 떡 볶이를 못 먹을 것 같다고 했다.

방송에 출연하게 되면서 나는 늘 꿈꿔오던 떡볶이 명인 으로서의 다짐을 다시 한번 굳게 다졌다.

나를 소개합니다!

태어나 처음 경험했던 방송 출연은 내게 새로운 사실을 깨 닫게 했다. 2박 3일을 꽉 채워 촬영했지만 모두 편집되고 TV에 방송된 분량은 불과 21분 정도였다. 방송에서 왜 연출 과 편집을 중요하게 여기는지를 알 것 같았다.

사실이 아닌 내용을 연출한다면 그것은 사기이지만, 있 는 사실을 어떻게 연출하고 편집하느냐에 따라 멋진 방송 작품이 되기도 하고 그렇지 않은 작품이 되기도 한다. 어디 방송만 그렇겠는가. 창업을 하든, 우리의 꿈을 키우는 과정이든 거기에도 멋진 연출과 편집이 필요하다. 제아무리 좋은 것, 그리고 남들과 다른 뛰어난 것을 가지고 있다 해도 결국 사람들이 알지 못하면 아무 의미가 없다. 내가 하고 있는 것, 그리고 내가 하고자 하는 것을 잘 표현하는 것은 분명 자신을 성장시키는 또 다른 밑거름이다.

　인간관계도 마찬가지다. 아무리 사랑한다고 해도 그 사랑을 표현하지 않으면 상대방은 알 수가 없다. 사랑한다면 어떤 식으로든 충분히 표현해야 한다. 그리고 내가 남보다 잘하는 게 있다면 그것 역시 멋지게 어필할 수 있어야 한다. 그 또한 성공의 조건 중 하나이고, 그것이 바로 자기 자신에 대한 마케팅이다.

　마케팅은 단순히 소비자에게 상품을 판매하는 것만이 아니다. 고객들에게 내 상품을 왜 구매해야 하는지를 알리고, 더 나아가 지속적으로 브랜드와 고객이 함께 공감할 수 있게 하는 것이 바로 브랜드 마케팅이다.

　생애 첫 방송을 통해 나는 나 자신을 하나의 브랜드로 생각했다. 방송은 곧 나를 알리는 하나의 마케팅이었다. 당장 팔 상품이 있는 것은 아니었지만 앞으로 나의 인생 자체를 마케팅해보기로 한 것이다. 나는 그렇게 해서 내가 얼마나 떡볶이를 사랑하고 떡볶이에 진심인 사람인지, 내가 얼마나 떡볶이를 많이 알고 떡볶이에 미쳐 있는 사람인지를 알리기 시작했다.

나만의 이미지가
필요하다

떡볶이 푸드 트럭을 시작했을 때에도 브랜딩에 대한 나의
생각은 변하지 않았다. 그래서 멋진 푸드 트럭이 필요하다
고 생각했다. 한국에서 볼 수 없는 크고 웅장한 푸드 트럭에
서 소울 푸드인 떡볶이를 만들어낸다면 그 무엇보다도 확실
한 브랜딩이 될 것이었다. 매일 인터넷 검색을 통해 해외의
푸드 트럭들을 수도 없이 검색하면서 나는 점점 더 멋진 푸
드 트럭을 꿈꾸었다. 그리고 당장 실행에 옮기고 싶었다. 그
러려면 직접 눈으로 보고 경험해봐야만 가능할 거라는 생각

이 들었다.

마침 뉴욕에서 1년에 한 번 푸드 트럭 페스티벌이 열린다는 소식을 들었다. 나는 푸드 트럭 페스티벌의 행사 일정에 맞춰 뉴욕으로 향하는 비행기에 올랐다. 운이 좋게도 장사를 잘하는 셋째 삼촌 매장에서 매니저로 오래 근무하던 사촌 누나가 뉴욕에 살고 있었다. 누나의 도움을 받아 나는 푸드 트럭 페스티벌이 열리는 장소로 찾아갔다.

뉴욕의 한가운데 우뚝 서 있는 자유의 여신상이 있는 리버티 섬과 거버너스 섬에서 열리는 페스티벌에는 100여 대의 푸드 트럭들이 참여했는데, 정말 다양한 메뉴들이 조리되고 판매되는 현장이었다. 그곳의 푸드 트럭에서는 햄버거와 스테이크, 토스트, 컵밥 등 현지인들의 주된 식사 메뉴들이 판매되고 있었다. 그런 곳에서 떡볶이를 만들어 판매하는 상상만으로도 가슴이 떨리고 흥분되었다.

나는 페스티벌에 참가한 100여 대의 푸드 트럭에서 판매하는 대부분의 음식을 맛보았다. 그리고 누나의 도움으로 푸드 트럭 내부까지 들어가 조리대의 레이아웃과 시스템을 자세히 살펴보고 설명도 들을 수 있는 기회를 얻었다.

행사가 끝나고 일주일간 뉴욕에 머무는 동안에도 나는 센트럴파크 주변에 위치한 수많은 푸드 트럭에서 식사를 했다. 김치찌개와 코리안 퓨전 BBQ 컵밥 등 다양한 한국 음식들도 판매되고 있었다. 특히 김치타코 트럭의 인기는 대단했다. 대한민국의 김치가 생각보다 정말 많은 곳에서 판매되고 있는 것을 보고 나는 떡볶이의 가능성에 대해 더욱 확신을 가졌다.

멋진 푸드 트럭에서 떡볶이를 만들 수만 있다면 떡볶이가 길거리 음식이라는 편견에서 벗어날 수 있을 뿐만 아니라 떡볶이의 품격을 한층 더 올릴 수 있을 거라고 확신했다. 떡볶이 푸드 트럭을 위해 뉴욕까지 떠나는 게 쉬운 결정은 아니었지만 결국 나는 떠났고, 많은 것을 얻었다.

만약 내가 여전히 '열정 없는 김 대리'였다면 '멋진 푸드 트럭을 갖는 것은 한국에서는 불가능한 일이야'라고 핑계를 대며 주저앉았을 것이다. 하지만 내가 누구던가! 나는 열정 넘치는 떡볶이 동호회 회장이었고, 생각한 것을 바로 행동으로 옮기는 탁월한 실행 능력자였다. 나의 뉴욕행은 멋진

하나의 브랜드가 된다는 것

떡볶이 푸드 트럭의 꿈을 실현할 수 있는 엄청난 가능성을 보여주었다.

세상에 하나뿐인 푸드 트럭

그때부터 나는 전국에 있는 멋진 트럭들을 찾아다니기 시작했다. 길거리에 있는 스낵카들처럼 봉고나 라보 같은 트럭으로는 내가 생각하는 멋진 푸드 트럭을 온전히 표현할 수 없었다. 남들이 시도하지 않은 좀더 이국적이고 새로운 것을 찾기 시작했다. 몬스터 트럭 자동차 카페에도 가입하고 중고차 시장도 수없이 돌아다녔다.

처음 선택한 차량은 폭스바겐의 바겐버스인데, 외형도 너무 예쁘고 이국적인 느낌이 물씬 났다. 해외에도 바겐버스를 이용한 푸드 트럭이 많았다. 나는 국내에서 바겐버스를 찾아보기 시작했다. 인천에 있는 한 중고차 시장에 내가 찾는 바겐버스가 있다고 해서 급히 달려가 딜러와 상담을 했다. 그러나 안타깝게도 그 바겐버스는 구동이 되지 않는 인테리어용이었다. 국내에는 그렇게 외형만 존재하는 바겐 버스만 있을 뿐 구동되는 것은 없다고 했다.

이후 나는 미국에서 흔히 볼 수 있는 네모난 형태의 푸드 트럭을 수소문했다. 하지만 끝내 찾지 못했다. 딱 한 대 찾긴 했는데, 엔진부터 모든 장비들의 노후화가 너무 심해 하루에 20킬로미터 정도 움직이기도 힘들 거라고 했다.

나는 좀 더 이국적인 떡볶이 푸드 트럭을 만들고 싶었다. 길거리에서 흔히 볼 수 있는 트럭으로는 떡볶이의 품격을 올릴 수 없다고 확신했다. 푸드 트럭의 외형부터 시선을 압도할 수 있어야 했고, 그런 멋진 외관을 한 트럭에서 친숙하고 맛있는 떡볶이가 만들어 나온다면 고객들에게 색다른 경험을 만들어줄 수 있을 거라고 생각했다.

몇 개월 동안 전국을 돌며 독특한 외관의 트럭을 찾아다니던 어느 날 충청북도 청주에서 드디어 신기한 차 한 대를 발견하게 되었다. 전파 측정 차량이었는데 아주 오래전에 사용되던 것으로 이제는 거의 폐차 직전의 상태였다. 당장은 잘 움직이지 않지만 운 좋게도 호환 가능한 부품들이 있어서 수리만 하면 움직일 수 있다고 했다. 나는 고철값 600만 원을 주고 그 트럭을 구입했다. 그리고 바로 서울로 탁송했다.

그런데 이후로가 더 난관이었다. 고철 덩어리 차량을 사오긴 했는데, 막상 차량을 수리하려고 하니 쉬운 일이 아니었다. 수많은 자동차 정비 업체를 찾아다니면서 트럭 수리를 부탁했지만 번번이 거절당했다. 웬만한 정비 기사들은 이런 모양의 트럭을 본 적도 없고, 당연히 수리를 해본 적도 없다고 했다. 그런 트럭을 상대로 수리 의지를 불태울 기사는 없었다.

하지만 성남에서 처음으로 스낵카를 구입해 떡모 스낵카로 개조할 때도 그랬고, 전국을 수소문해 신기한 트럭을 찾았을 때도 그랬던 것처럼 세상에 안 되는 건 없었다. 끈질기게 해보지도 않고 안 된다고 포기하는 것은 나에게는 도저히 있을 수 없는 일이었다.

수많은 정비 업체를 돌아다니다가 인천에 있는 한 특장차 정비 업체를 찾아갔다. 그곳의 기사님이 35년을 살면서 이런 모양의 트럭은 처음 본다며 무척 흥미를 보이시더니 마침내 한번 수리를 해보겠다고 하셨다. 잘 운행할 수 있도록 한 달 동안 모든 정비를 마치고, 차량 본체도 용도에 맞게 개조했다. 600만 원에 구입한 트럭을 수리하는 데에 1,000만 원의 비용이 들었고, 개조하는 데에도 1,500만 원의 비용이 들었다. 그렇게 해서 드디어 내가 원하는 떡볶이 푸드 트럭이 완성되었다.

<고객에게 강렬한 인상을 남기기 위해 외관을 개조하는 떡모 푸드 트럭>

그때 나는 정말 확신했다. 세상에 안 되는 건 절대 없다고. 어떤 장애물과 맞닥뜨려도 포기하지 않고 할 수 있다는 자신감과 의지 그리고 정성을 기울인다면 안 되는 건 없다. 만약 내가 트럭 구입을 포기하고, 정비를 포기하고, 개조를 포기했다면 지금의 연예인 서포트 문화도 활성화되지 않았을 것이다.

몇 달 동안 발품을 팔아가며 완성한 떡모 푸드 트럭이 환골탈태하고 내 앞에 나타나던 날을 나는 잊을 수가 없다. 태어나서 처음으로 나 스스로 무언가를 이루어냈다는 큰 성취감을 느낀 날이었다. 대한민국 어디서에서도 보지 못했던 웅장한 푸드 트럭의 등장은 촬영장의 분위기를 바꿔놓기에 충분했다.

인상적인 고객
경험을 제공하라

새롭게 탄생한 떡모 푸드 트럭을 처음으로 촬영장에 선보이던 날이 기억난다. 2014년, 이선균 배우 주연의 〈끝까지 간다〉 영화 촬영 현장이었다. 하필 처음으로 출동한 장소가 용인 산꼭대기에 있는 공동묘지였다. 추운 겨울날 눈까지 펑펑 쏟아지는 날씨에 좁디좁은 산길을 따라 한참을 올라가야 하는 곳이었다.

산꼭대기에 도착하자마자 매콤한 떡볶이와 따끈한 어묵을 준비했다. 촬영 중간 쉬는 시간에 이선균 배우와 조진웅 배우가 푸드 트럭에 찾아와 따뜻한 어묵을 드셨다. 촬영을 위해 설치한 조명 크레인 빛 덕분에 하얗게 쌓인 눈이 아름답게 반짝였고, 푸드 트럭에서 모락모락 김이 올라오는 모습도 한 폭의 그림처럼 아름다웠다.

간식 시간이 끝나고 철수를 하려는데 떡모 푸드 트럭이 너무 크다 보니 그 산꼭대기 촬영장에서 유턴을 할 만한 마땅한 공간이 없었다. 결국 나는 좁디좁은 산길을 후진으로 내려왔다. 처음으로 출동한 떡모 푸드 트럭의 마지막 순간이 될 수도 있겠는 생각이 들 정도로 낭떠러지를 간신히 피해가며 진땀을 빼고 내려온 기억이 난다.

그만큼 새롭게 제작된 떡모 푸드 트럭은 크기도 웅장했다. 이후 촬영 현장에서 떡모 푸드 트럭은 음식이 맛있다는 소문도 있었지만 멋진 트럭으로도 유명세를 떨쳤다. 그러면서 제작팀보다 팬들의 요청이 많아지기 시작했다. 단순히 떡볶이와 어묵을 제공하는 푸드 트럭이 아니라 팬들의 마음과 선물하는 분의 메시지를 전하는 멋진 푸드 트럭이 되어갔다.

마음도 함께 전해드려요

매일 밤 나는 잠을 이루지 못했다. 다음 날 출동하는 촬영 현장에 어떻게 하면 더 맛있는 메뉴를 제공하고, 어떻게 하면 더 예쁘고 멋진 이벤트를 제공할 수 있을까 하는 고민과 설렘으로 매일 밤 쉽게 잠들지 못했다. 그러던 어느 날 더욱 멋진 서포트를 위해 차량 위에 큰 전광판을 설치하기로 마음먹었다. 보내는 분들의 마음이 담긴 메시지를 현수막으로 제작해 그 전광판에 달아 불을 환하게 켜주면 더욱 멋지고 근사한 이벤트가 될 것 같았다.

한번 생각한 것은 반드시 해야만 하는 성격이다 보니 나는 즉시 실행에 옮겼다. 지금이야 여느 푸드 트럭에서도 흔히 볼 수 있는 입간판이지만 그때만 해도 차량에 전광판을 다는 것은 전력 부족의 문제도 있고 그에 비해 크게 효과도 없다고 생각해 대부분의 업체가 회피하던 설비였다.

하지만 나는 그렇게 생각하지 않았다. 사람은 자기에게 감동을 주었던 경험을 오랫동안 기억하기 마련이다. 팬들의 마음을 전달하는 감동적인 장면에 떡모 푸드 트럭이 배경이

하나의 브랜드가 된다는 것

되어 함께한다면 무엇보다 강력한 브랜딩이 될 것이라 확신했다. 발품을 팔아 전광판을 설치하고, 전력 문제도 촬영장 발전차의 외부 전력과 인버터를 사용한 차량 배터리 전압으로 해결했다.

한 달에 평균 50건의 서포트를 진행했을 정도니 떡모 푸드 트럭의 인기는 실로 대단했다. 하루에 한 번 이상은 촬영 현장에 있었던 셈이다. 누군가가 '잠은 죽어서나 자는 거니까 살아 있을 때 열심히 일하라'고 했던 말처럼 나는 정말 잠도 안 자고 열심히 일했다. 잠 따위가 나의 열정을 막을 수는 없었다. 일정이 많을 때는 하루 네 번의 서포트가 있는 날도 있었다. 오전에 한 번, 점심에 한 번, 오후에 한 번, 새벽에 한 번, 이런 날에는 준비 시간까지 포함하면 30시간 정도는 눈을 뜨고 있는 셈이었다.

그런데도 신기할 정도로 하나도 피곤하지 않았다. 물론 몸이 힘들 수는 있었지만 정신이 피곤한 몸마저 지배해 힘든 줄을 몰랐다. 자양강장제나 고카페인을 마시고도 바로 잠들 수 있는 능력이 이때 생겼다. 요즘에도 밤에 쉽게 잠들지 못할 때면 혼자 생각하곤 한다.

'아직 덜 피곤해서 그래. 오늘 하루 에너지를 너무 아낀 결과야. 오늘의 세 배는 더 움직이자. 머리가 베개에 닿으면 바로 곯아떨어질 때까지.'

그렇게 많은 촬영 현장을 매일 찾아가고, 이 작품에서 만났던 스태프들을 또 다른 작품에서 만나기도 하다 보니 서서히 정이 들고 친하게 지내는 분들도 생겨나기 시작했다. 용인에 있는 MBC 세트장 '드라미아'에서 있었던 일이다. 하지원 배우가 '기승냥'으로 주연을 맡았던 드라마 〈기황후〉의 서포트를 할 때였다.

하지원 배우의 본명이 전해림인데, 그래서 팬들은 하지원 배우를 '햇님'이라고 불렀다. 팬들이 하지원 배우의 서포트를 의뢰했고 우리는 맛있는 떡볶이와 어묵 등 다양한 간식을 준비해 현장으로 향했다. 간식뿐만 아니라 소소한 감동이라도 전해드리고 싶어 우리 딸아이의 침대 밑에 있던 해 모양의 조명도 가져가 푸드 트럭에 설치했다.

이날 촬영은 하지원 배우가 차가운 냇물에 빠지는 신이

많았다. 한겨울인데도 작품을 위해 하지원 배우는 몇 차례나 차가운 물속으로 들어갔다. 보는 내내 내 몸이 얼어붙을 정도로 긴장감이 흘렀다. 잠시 촬영을 중단하고 휴식 시간을 가졌다. 담요로 몸을 감싼 하지원 배우가 따뜻한 어묵 국물을 마시며 "어묵 국물 때문에 추운 날씨를 이겨낼 수 있네요"라고 내게 말을 건넸다. 물론 예의상 하신 말이었겠지만 그 한마디에 나는 가슴이 뜨거워지는 감동을 경험했다. 내가 이때의 감동을 기억하고 있는 것처럼, 누군가에게는 떡모 푸드 트럭이 그런 감동을 주어야겠다고 다짐했다.

이후 떡모 푸드 트럭은 맛있는 간식을 제공하는 차원을 넘어 영화, 드라마 등 작품이 만들어지는 과정의 아주 작은 한 부분을 책임진다는 사명감을 가지고 활동을 이어갔다. 단순히 음식을 전달하는 것만이 아니라 구성원들에게 감동을 선사하고 잊지 못할 경험을 만들어준다는 자부심을 가졌다.

맛은 기억 못 해도
디자인은 기억한다

드라마와 영화 촬영 현장은 내가 집보다 더 많은 시간을 보내는 곳이 되었다. 그만큼 촬영장도 익숙해졌고, 현장에 있는 배우와 스태프들과도 친해지기 시작했다. 언젠가 한 스태프가 내게 이런 말을 해주었다.

"얼마 전 다른 현장의 푸드 트럭에서 떡볶이를 먹었는데 너무 맛있었어요. 그런데 여기 푸드 트럭 떡볶이도 진짜 맛있네요!"

알고 보니 그 촬영 현장에도 내가 만든 떡볶이를 제공하고 있었고 지금의 촬영 현장에서도 내가 떡볶이를 만들어 제공하고 있었는데 안타깝게도 스태프들은 정확하게 기억하지 못했다. 그냥 맛있는 떡볶이 맛만으로는 고객들의 기억 속에 각인될 수 없다는 것을 알게 되었다.

유명 맛집을 다녀본 경험이 있는 분이라면 모두가 공감할 것이다. 맛집의 조건은 백 퍼센트 맛이 전부가 아니라는 것을. 만약 음식 맛이 맛집 조건의 백 퍼센트를 차지한다면 호텔 주방장이나 유명한 셰프들이 운영하는 매장은 모두 인기가 많고 성공해야 옳다. 하지만 실제로 유명한 셰프나 호텔 주방장들이 오픈한 매장이 그리 오래 버티지 못하고 문을 닫는 경우는 흔한 일이다.

오히려 맛에 백 퍼센트 에너지를 다 쏟은 매장들은 조화롭지 못하다. 음식의 맛, 인테리어, 서비스, 스토리 등 다양하고 복합적인 요소들이 조화를 이루었을 때 비로소 인기가 많고 고객들이 줄을 서는 매장이 된다. 게다가 요즘에는 사진을 찍어 SNS에 올렸을 때 다른 사람들의 관심을 많이 받을 수 있어야 한다는 조건까지 추가되었다.

떡모 푸드 트럭도 그동안 수없이 많은 촬영 현장을 다니며 맛있는 떡볶이와 어묵을 제공했음에도 신입 스태프들은 물론이고 몇 차례 다른 촬영 현장에서 만났던 스태프들조차 확실하게 기억하지 못하는 것을 보고 나는 적잖은 충격에 빠졌다.

다음 날 나는 바로 떡모 푸드 트럭을 몰고 다시 랩핑 업체를 찾아갔다. 떡볶이 맛만으로는 나를 브랜딩할 수 없을 거라고 판단해 푸드 트럭을 다시 새롭게 디자인하기로 결

<고객들이 쉽게 기억할 수 있도록 강렬한 불꽃 디자인으로 랩핑한 떡모 푸드 트럭>

정했다. 따뜻함을 강조하고 불타는 열정을 표현하기 위해 차량 전체를 불 이미지로 랩핑했다. 영화 고스트라이더에 나오는 주인공과 오토바이처럼 활활 타오르는 불꽃 모양이었다.

이미지를 기억하게 만들어라

디자인을 새롭게 꾸미자 사람들은 떡모 푸드 트럭이라는 명칭까지는 다 기억하지 못하더라도 불타는 맛있는 분식차가 왔다고 이야기해주었다. 그렇게 차츰 불타는 차를 인지하게 되면서 사람들은 슬슬 떡모 푸드 트럭이라는 이름에 대해 궁금해하기도 하고, 떡모 푸드 트럭이 '떡볶이의 모든 것' 동호회의 줄임말이라는 것도 알게 되었다.

이것이 바로 브랜딩 스토리다. 일회성으로 브랜드의 스토리를 전달하는 것은, 학교 다닐 때 시험을 보면 왜 그 답이 나오는지는 접어둔 채 무조건 정답을 달달 외웠던 것과 다르지 않다. 그렇게 주입식으로 무조건 달달 외운 정답은 시험이 끝나고 나면 머릿속에서 하얗게 지워져버린다. 브랜드 스토리도 마찬가지다. 주입식으로 기억한 브랜드 스토리는 이내 머릿속에서 지워지기 마련이다.

스토리를 만들 때는 이미지가 무척 중요하다. 무작정 스토리를 전달하는 것보다 시각화된 이미지를 통해 고객들이 쉽게 기억하도록 만드는 것이다. 자연스럽게 이미지를 기억하다 보면 어느 날 문득 그 이미지에 대해 궁금증이 생길 때가 있다. 그럴 때 사람들은 스토리를 찾아보게 되고, 그 스토리는 고객의 기억에 강하게 남게 된다. 그렇게 해서 브랜드 스토리가 채워지는 것이다.

브랜드를 성장시키듯
스스로를 성장시켜라

사실 많은 사람들이 브랜딩이라고 하면 이미지나 디자인처럼 눈에 보이는 것만 생각하곤 한다. 지금까지 말한 것처럼 이미지는 물론 중요하다. 하지만 브랜딩에 이미지보다 중요한 것은 내실이다. 내가 아무리 떡모 푸드 트럭을 멋진 디자인으로 만들고 인상적인 경험을 제공했더라도, 가장 핵심인 떡볶이가 맛없었더라면 떡모 푸드 트럭이 이처럼 성공하지는 못했을 것이다.

나 자신에 대해서도 마찬가지다. 앞서 나는 나를 하나의 브랜드로 생각한다고 했다. 떡볶이 동호회, 떡모 푸드 트럭, 두끼 모두 '세계적인 떡볶이 명인'이 되겠다는 나의 브랜드가 성장해나가는 과정이었다. 그 성장 과정에서 가장 중요했던 것은 그 어떤 수단보다도 떡볶이에 대한 내 진심과 전문성이었다.

떡볶이에 대한 진심으로 동호회 회장에서부터 프랜차이즈 대표까지 되었지만, 나의 브랜드가 한 단계 더 성장하기 위해서는 다음 단계가 필요했다. 처음으로 돌아가 나의 목표를 되돌아볼 필요가 있었다.

나만의 버킷리스트

나는 항상 하고 싶은 일이나 목표들을 메모해두는 습관이 있다. 고려대학교 온라인 마케팅 최고위 과정에서 메모의 중요성을 배우기도 했다. 그렇게 습관적으로 메모를 해둔 것들을 종합해 나만의 버킷리스트를 만들었다.

누구나 자신이 이루고 싶은 목표나 꿈이 있을 텐데, 그

것들을 직접 글로 적어보는 것이다. 머릿속으로만 생각하는 것과 직접 글로 적어보는 것의 결과에는 하늘과 땅 만큼의 차이가 있다.

그래서 무조건 적어보는 습관이 필요하다. 이것 또한 행동의 시작이다. 거창할 필요도 없다. 나의 목표와 꿈을 중심으로 내가 하고 싶은 것들을 있는 그대로 적어나가면 된다. 여러분들도 현재 자신의 나이를 기준으로 10년 단위로 15~20개씩 적어보자.

여기서 중요한 것 하나, 너무 많이 고민하고 생각해서 적을 필요는 없다. 내가 이루고 싶은 목표가 있다면 그 방향성을 적고, 나머지는 작은 성공을 위한 것들을 적는다. 느닷없이 큰 목표와 꿈을 향해 나아가기는 어렵고 힘든 일일 수 있으니 작은 성공을 경험하며 큰 목표를 향해 나아가는 것이다.

10년 단위로 버킷리스트를 작성했다면, 이번에는 앞으로의 5년 안에 이루고 싶은 것들과 1년 안에 꼭 이루고 싶은 것들을 작성해보자. 10년 단위보다는 조금 더 구체화된 목표와 1년 안에 꼭 이루고 싶은 체계적인 목표를 정해 글로 옮겨보는 것이다.

이루기 어려운 목표도 있을 테고, 쉽게 이룰 수 있는 목표도 있을 것이다. 아무래도 상관없다. 이룰 수 있다는 자신감과 행동할 수 있는 강한 의지와 열정만 있다면 이미 반은 성공한 셈이다.

다음은 40대인 내가 작성한 버킷리스트인데, 이것을 참고삼아 여러분도 한번 자신만의 버킷리스트를 만들어보기 바란다.

<40대의 버킷리스트>

1. 어머니 집 사드리기

2. 전 세계 50개국에 두끼 오픈하기

3. 나만의 떡볶이 레시피 100개 만들기

4. 유튜브 <떡볶킹관훈> 구독자 100만 만들기

5. 예능 프로그램에 50회 이상 나가기

6. 뉴욕 타임스 스퀘어에 두끼 광고하기

7. 떡볶이로 유명한 인물로 TV에 20회 출연하기

8. 1조 가치가 있는 회사 만들기

9. 열정 강의 100회 하기

10. 나를 존경하는 후배 10명 만들기

11. 아이돌 물미역 파마 해보기

12. 아이돌 댄스 배워보기

13. 어머니랑 해외여행 10회 가기

14. 떡볶이로 봉사활동 100회 하기

15. 개인 자산 100억 만들기

위에 작성한 40대의 버킷리스트 중 내가 가장 중요하게 여기는 목표는 전 세계 50개국에 두끼 오픈하기, 1조 가치가 있는 회사 만들기, 뉴욕 타임스스퀘어에 두끼 광고해보기다. 떡볶이에 진심인 나에게는 무엇보다 의미 있는 목표다.

반면에 아이돌 댄스 배워보기, 아이돌 물미역 파마 해보기 등 당장이라도 이룰 수 있는 목표도 있고, 열정 강의 100회 하기, 떡볶이로 봉사활동 100회 하기 등 노력만 하면 충분히 이룰 수 있는 목표도 설정해두었다.

다음은 내가 5년 안에 이루고 싶은 목표와 1년 안에 이루고 싶은 목표들의 리스트다.

<5년 안에 이룰 목표>

1. 유튜브 <떡볶킴관훈> 구독자 100만 명 만들기

2. 뉴욕 타임스 스퀘어에 두끼 광고하기

3. 1조 가치가 있는 회사 만들기

4. 떡볶이로 봉사활동 100회 하기

5. 매년 20회 강연하기

<1년 안에 이룰 목표>

1. 대학 및 기업 강연 10회 하기

2. 동영상 편집 기능 배우기

3. 유튜브에 개인 채널 만들기

4. 떡볶이&행동 책 출간하기

5. 떡모 푸드 트럭 직원에게 넘기기

6. 미국에 두끼 오픈하기

7. 호주에 두끼 오픈하기

이렇게 5년 안에 이루고 싶은 목표들과 1년 안에 꼭 해야 할 목표들도 적어두었다. 10년 단위의 버킷리스트에 비해 조금 더 구체적이고 세분화해 적는 것은, 가령 내가 직접 자동차를 운전해 부산까지 간다고 했을 때 내비게이션을 켜고 가든, 이정표를 보고 가든 부산이라는 목적지에 정확하고 안전하게 도착하기 위해서 길잡이가 필요하기 때문이다.

이런 길잡이가 없다면 죽어라고 운전을 해 가더라도 내가 지금 나만의 목적지인 부산으로 가고 있는지 아니면 광주로 가고 있는지, 대구로 가고 있는지, 원주로 가고 있는지 명확하게 알 수가 없다. 그래서 세분화된 목표를 적어보는 것은 아주 중요하다.

다음은 나의 50대 버킷리스트다.

<50대의 버킷리스트>

1. 전 국민 모두가 나의 열정적인 강연 듣게 하기

2. 길을 걸을 때 사인을 요청받는 사람 되기

3. 전 세계에 두끼 만들기

4. 스타벅스만큼 가치 있는 기업 만들기

5. 전 세계를 돌며 각 나라별 스타벅스 컵 모으기

6. 전 세계의 랜드 마크 마그네틱 모으기

7. TV 출연을 한 번쯤은 거부해보기

8. 내 스케줄을 매니저가 관리해주기

9. 우리 어머니가 건강해서 나한테 잔소리하기

10. 한 달 동안 사진만 찍으러 다니기

11. 대한민국에 떡볶이(분식) 자격증 만들기

12. 떡볶이 명인으로 타임지에 실리기

13. 뉴욕 타임스 스퀘어에 두끼가 아닌 내 얼굴 나오게 하기

14. 뉴욕에 집 사기

15. 개인 자산 500억 만들기

  50대의 버킷리스트 중 가장 중요한 목표는 대한민국에 떡볶이(분식) 자격증 만들기와 떡볶이 명인으로 타임지에 실리기, 뉴욕 타임스 스퀘어에 두끼가 아닌 내 얼굴 나오게 하기다.

  나는 정말 떡볶이로 전 세계에 나의 이름과 명성을 알리고 싶다. 떡볶이가 대한민국의 대표 음식이라는 것을 전 세

계에 알리고 그렇게 해서 모든 세계인이 떡볶이라는 음식을 알게 되면 자연스럽게 그 떡볶이로 가장 유명한 사람이 다름 아닌 바로 대한민국의 김관훈이라는 것을 알 수 있도록 노력하고 또 노력할 것이다.

다음은 나의 60대 버킷리스트다.

<60대의 버킷리스트>

1. 가족들 모두 건강하기

2. 우리 딸이 돈, 남자, 직업으로 걱정하지 않게 하기

3. 사람 사는 이야기하는 토크쇼 진행자 되기

4. 워런 버핏처럼 1회 5,000만 원 이상 받는 강의하기

5. 멋진 스포츠카 타기

6. 후배들에게 좋은 기업 물려주기

7. 일주일에 한 번 농구하기

8. 자서전 및 교양서적 10권 출간하기

9. 고향 친구들과 해외여행하기

10. 언제든 만나고 술 한잔 할 수 있는 친구 100명 만들기

11. 떡볶이 박물관 만들기

12. 떡볶이를 김치, 비빔밥보다 유명한 한식으로 만들기

13. 미국 토크쇼에 출연하기

14. 자막 없이 마블 영화 보기

15. 해외에 별장 같은 집 사기

60대의 버킷리스트 중 가장 중요한 목표는 떡볶이 박물관 만들기와 떡볶이를 김치, 비빔밥보다 유명한 한식으로 만들기다. 드디어 떡볶이가 세계적인 음식으로 거듭나는 시대가 되는 것이다.

물론 내가 작성한 리스트의 꿈과 목표를 모두 이룰 수 있을지는 확신하기 어렵다. 하지만 목표가 있기에 나는 달려 나갈 수 있는 열정을 품을 수 있다. 목표을 가지고 있는 사람과 그렇지 않은 사람의 미래는 분명 큰 차이가 있다. 비록 작은 목표라도 나에게는 큰 동기부여가 되고, 내가 나일 수 있는 의미를 부여해준다. 그리고 그 목표를 하나씩 이루어나갈 때 '나'라는 브랜드가 완성되는 것이다.

사실 꿈과 목표 없이 인생을 살아가는 사람들도 많다.

주위만 둘러봐도 그런 사람들은 어렵지 않게 찾을 수 있다. 어릴 적만 해도 꿈이 뭐냐고 물으면 주저하지 않고 당당하게 자신의 꿈을 이야기했지만 살아가면서 여러 환경 속에서 실패와 좌절을 경험하다 보면 그 꿈들이 바뀌기도 하고 때론 사라지기도 한다. 그러면서 점차 아무 의미 없이 하루하루를 흘려보내는 사람들도 많다. 나 역시 단순히 돈을 벌기 위해 직장생활을 하면서 10년이라는 세월을 무의미하게 흘려보내지 않았던가.

목표를 찾기 힘들다면 훗날 '내가 어떤 사람으로 기억될까?'를 한번 생각해보라. '나는 어떻게 살고 싶고 어떤 업적을 남기고 싶은 사람이며, 그러기 위해서는 어떤 목표를 세워야 할까?' 이런 의문을 갖고 그것에 대한 해답을 찾아가다 보면 그것이 곧 자신의 목표이자 꿈이며 그 꿈을 향해 나아가는 방법이 된다. 단언컨대 구체적인 목표 없이 성공한 사람은 단 한 명도 보지 못했다. 목표가 없는 삶은 이유가 없는 것과 마찬가지다.

호랑이는 죽어서 가죽을 남기고, 사람은 죽어서 이름을

남긴다고 했다. 먼 훗날 내가 세상을 떠났을 때, 내 가족들과 주변 사람들이 나를 어떤 사람으로 기억할지 한번 상상해보라. 많은 사람들이 '아, 김관훈 그 사람은 떡볶이에 정말 진심이었어! 떡볶이만큼은 김관훈이 진짜 최고였지!'라고 기억해준다면 나는 더 이상 바랄 게 없다.

나 자신의 스토리를 만들어라

브랜드에는 스토리가 필요하다. 인상적인 이미지와 감동적인 경험 등 여러 스토리가 쌓여서 브랜딩이 완성된다. 그런데 사실 이 스토리가 무엇보다 필요한 건 나 자신이다. 창업에 있어서 가장 고차원의 마케팅은 창업자 자신이 브랜드가 되는 것이다. 스티브 잡스가 트레이드 마크인 검은색 터틀넥과 청바지를 입고 프레젠테이션을 하는 장면이 애플의 가장 효과적인 마케팅 수단이었던 것을 생각해보라.

여러 번 이야기했듯 나의 꿈은 '세계적인 떡볶이 명인'이다. 누구든 '떡볶이 전문가'를 찾을 때 내가 1순위로 떠오르게 만드는 것이 목표다. 그리고 어느 정도 꿈에 다가가고 있다고 생각한다.

떡볶이 전문가가 인증한 떡볶이를 먹어보고 싶지 않은 사람이 있을까. 실제로 나는 몇 년간 전국의 떡볶이 맛집을 돌아다니며 맛있는 떡볶이를 섭렵했다. 누군가 나에게 자신의 떡볶이 취향을 말하며 추천해달라고 하면 그의 '인생 떡볶이'를 추천해줄 수 있다는 자신감이 있다. 그런 떡볶이 전문가가 하는 떡볶이집이라면 맛에 있어서는 신뢰가 생기지 않겠는가?

성공한 사업 뒤에는 대부분 매우 잘 브랜딩된 창업가가 있다는 것을 늘 기억하자. 애플 같은 글로벌 기업뿐만 아니라, 사업의 규모가 작을수록 더욱더 스스로의 브랜딩이 중요하다. 나 역시 스스로를 브랜드라고 생각한다. 그리고 내 인생에는 떡볶이에 관한 스토리가 쌓이고 있다. 성공이란 자신만의 스토리를 갈고닦아 삶 전체를 스스로의 브랜드로 만드는 과정이라는 사실을 기억하자.

사소한 것이라도
행동하고 또 행동하라

10년 동안의 나의 '행동'은 나 자신에게 많은 것들을 선물해주었다. '떡볶이의 모든 것' 카페를 만들고 전국의 맛있는 떡볶이집을 찾으러 다니는 행동을 했을 뿐인데, 사람들은 나를 떡볶이에 미친놈, 더 나아가 '떡볶이 킹'이라고 불렀다. 나는 진정한 떡볶이 킹이 되기 위해 또 행동했다.

그런 행동들은 떡볶이에 있어서만큼은 나에게 엄청난 자신감을 선물해주었다. 그리고 떡볶이라는 주제로 행동하고 활동하다 보니 삼진어묵의 박 대표님, 프랜차이즈 마스터 남 대표님, 두끼를 경영하는 박 대표님뿐만 아니라 다양한 업종과 다양한 직업을 가진 훌륭한 분들과의 만남도 선물해주었다.

8명의 미국 대통령과 75명의 노벨상 수상자를 배출한 세계적인 명문 하버드대학교를 분석한 웨이슈잉은 자신의 저서『하버드 새벽 4시 반』에서 행동의 중요성을 강조하며 이렇게 이야기한다. "행동하고 또 행동하라." 성공의 비결은 바로 '시작'하는 것에 있다. 아무리 먼 길이라도 한 걸음, 한 걸음 앞으로 나아가기 시작한다면 언젠가는 그 길의 끝에 도착하게 된다. 하지만 출발도 하지 않는다면 먼 길의 끝은 영영 보이지 않는다.

하나씩 차근차근, 그러나 지금 당장

나는 게임을 좋아한다. 특히 '디아블로'라는 게임을 좋아하는데, 20대를 거의 이 게임으로 흘려보냈을 정도다. 이 게임은 액트 1, 2, 3, 4로 나뉘어 있고, 노멀(쉬움), 나이트(중간). 헬(어려움)의 난이도가 있다. 좋은 아이템을 획득하기 위해서는 난이도 헬에서 악마와 몬스터를 잡아야 한다.

하지만 아무리 좋은 아이템을 가지고 싶은 마음이 간절

해도 처음부터 어려운 헬 난이도에서 게임을 하는 것은 불가능하다. 내 캐릭터보다 난이도 헬의 몬스터가 훨씬 더 강하기 때문이다. 감히 덤볐다가 몬스터는 죽이지도 못하고 내 캐릭터만 먼저 죽게 된다.

그래서 쉬운 노멀 난이도의 액트 1부터 차근차근 캐릭터를 성장시켜나가야 한다. 좋은 아이템일수록 게임에 필요한 많은 옵션과 성능을 가지고 있지만 노멀 난이도에서는 아주 사소한 성능만 있는 아이템만 획득할 수 있다. 하지만 그렇게 사소한 아이템이라도 열심히 모아가며 캐릭터를 성장시키다 보면 다음 액트로 넘어갈 수 있고, 조금 더 좋은 성능의 아이템도 획득할 수 있다.

그렇게 차근차근 내 캐릭터를 성장시키면 마침내 가장 어려운 헬 난이도에서 좋은 아이템을 획득할 수 있다. 결국 난이도 헬에서 획득한 아이템이 있으면 노멀 난이도에서 얻은 아이템은 모두 쓸모없게 된다. 하지만 잘 생각해보라. 이제는 쓸모없게 된 그 아이템들이 없었다면 끝내 난이도 최상의 헬에 도달하지 못했을 것이다. 디아블로 게임을 즐겼던 사람이라면 모두 같은 경험을 했으리라 생각한다.

나는 이것을 디아블로의 법칙이라고 말한다. 비록 내가 지금 하는 일이 아주 사소한 것일지라도 그 사소한 것조차 행동하지 않으면 절대 내가 이루고자 하는 목표에 도달할 수 없다.

하루하루 꿈과 목표를 향해 나아가는 우리의 인생도 크게 다르지 않다. 기초 운동을 소홀히 하는 운동선수는 절대 최고의 선수가 될 수 없고, 사소한 일을 하찮게 여기는 사람은 결국 큰일도 책임감 있게 해내지 못한다. 아주 사소한 일일지라도 늘 행동하는 습관을 갖는 것은 성공을 위한 기본이자 가장 중요한 요소다.

이 책을 쓰며 내 삶을 돌아봤을 때, 결국 이 하나의 문장이 떠올랐다.

"꿈에 다가가기 위해 지금 할 수 있는 일부터 하나씩 차근차근 행동하라!"

모든 것은 내가 세계적인 떡볶이 명인이 되겠다는 꿈을 꾸면서부터 시작됐다. 평생을 사랑한 떡볶이를 그냥 즐기는 것이 아니라 그것으로 성공해보겠다고 결심했고, 그러기 위해서 내가 할 수 있는 일을 찾았다. 당장 떡볶이 장사를 할 순 없었지만 동호회를 만드는 일은 할 수 있었기에 그것을 바로 행동으로 옮겼다. 떡볶이 동호회 활동을 통해 차근차근 내공을 쌓았으며, 그것은 또 다음 단계로 나아갈 수 있는 원동력이 되었다.

그렇게 한 단계 한 단계 나아가다 보니 어느새 전 세계 10개국에 가맹점을 둔 떡볶이 프랜차이즈 대표가 되어 있었다. 떡볶이를 전 세계에 알리겠다는 내 꿈에 한 발짝 다가간 것이다.

물론 아직도 나는 나아가야 할 길이 멀다. 하지만 이제는 막막하지도 않고 겁이 나지도 않는다. 지금까지 그래왔듯 눈앞의 일부터 하나씩 차근차근, 미루지 않고 지금 당장 행동하면 무엇이든 할 수 있다는 믿음이 있기 때문이다. 오늘 아무 행동도 하지 않는다면 내일은 아무 일도 일어나지 않는다. 내가 이루고자 하는 바람을 목표로 정하고 지금 바로 행동하라. 지금! 바로! 당장!

Special Thanks To

삼진어묵 박종수 회장님, 이금복 여사님, 박용준 대표님

B&S 남승우 대표님

㈜다른 박도근 공동 대표님

토라이리퍼블릭 김지훈 추장님, 송은경 족장님

고려대학교 온라인마케팅 이영현 교수님

이웃집소녀떡볶이 김범준 대표님

KI신서 10323

그깟 떡볶이

1판 1쇄 인쇄 2022년 6월 30일
1판 1쇄 발행 2022년 7월 13일

지은이 김관훈
펴낸이 김영곤
펴낸곳 (주)북이십일 21세기북스

인문기획팀장 양으녕 책임편집 이지연
디자인 엘리펀트스위밍
출판마케팅영업본부장 민안기
출판영업팀 이광호 최명열
마케팅1팀 배상현 김신우 한경화 이보라
e-커머스팀 장철용 김다운
제작팀 이영민 권경민

출판등록 2000년 5월 6일 제406-2003-061호
주소 (10881) 경기도 파주시 회동길 201(문발동)
대표전화 031-955-2100 팩스 031-955-2151 이메일 book21@book21.co.kr

(주)북이십일 경계를 허무는 콘텐츠 리더

21세기북스 채널에서 도서 정보와 다양한 영상자료, 이벤트를 만나세요!
페이스북 facebook.com/jiinpill21 **포스트** post.naver.com/21c_editors
인스타그램 instagram.com/jiinpill21 **홈페이지** www.book21.com
유튜브 www.youtube.com/book21pub
서울대 가지 않아도 들을 수 있는 명강의! <서가명강>
유튜브, 네이버, 팟빵, 팟캐스트에서 '서가명강'을 검색해 보세요!

© 김관훈, 2022
ISBN 978-89-509-1144-7 03320